# LUDWIG FEUERBACH E O FIM DA FILOSOFIA CLÁSSICA ALEMÃ

Friedrich Engels

# LUDWIG FEUERBACH E O FIM DA FILOSOFIA CLÁSSICA ALEMÃ

acompanhado de
## SOBRE A HISTÓRIA DO CRISTIANISMO PRIMITIVO
e
## TESES SOBRE FEUERBACH

Tradução
**Nélio Schneider**

Apresentação
**Eduardo Chagas**

Prólogo
**Victor Strazzeri**

© Boitempo, 2024

Textos traduzidos de:
Friedrich Engels, "Ludwig Feuerbach und der Ausgang der klassischen deutschen Philosophie", *Marx-Engels Werke*, v. 21 (Berlim, Dietz, 1962).
Friedrich Engels, "Zur Geschichte des Urchristentums", *Marx-Engels Werke*, v. 22 (Berlim, Dietz, 1977).
Karl Marx, "Marx über Feuerbach", *Marx-Engels-Jahrbuch 2003*, v. 1 (Berlim, Akademie, 2004).

*Direção-geral* Ivana Jinkings
*Edição* Pedro Davoglio
*Coordenação de produção* Livia Campos
*Assistência editorial* Marcela Sayuri
*Tradução* Nélio Schneider
*Preparação* Marina Silva Ruivo
*Revisão* Thaís Nicoleti de Camargo
*Desenho de capa* Cássio Loredano
*Diagramação* Antonio Kehl

*Equipe de apoio* Ana Slade, Artur Renzo, Davi Oliveira, Elaine Ramos, Frank de Oliveira, Frederico Indiani, Higor Alves, Isabella Meucci, Isabella Teixeira, Ivam Oliveira, Kim Doria, Letícia Akutsu, Luciana Capelli, Marina Valeriano, Marissol Robles, Mateus Rodrigues, Maurício Barbosa, Raí Alves, Renata Carnajal, Thais Rimkus, Tulio Candiotto

CIP-BRASIL. CATALOGAÇÃO NA PUBLICAÇÃO
SINDICATO NACIONAL DOS EDITORES DE LIVROS, RJ

E48L

Engels, Friedrich, 1820-1895
  Ludwig Feuerbach e o fim da filosofia clássica alemã / Friedrich Engels ; tradução Nélio Schneider ; apresentação Eduardo Chagas ; prólogo Victor Strazzeri. - 1. ed. - São Paulo : Boitempo, 2024.
  152 p. ; 23 cm. (Marx-Engels)

  Tradução de: Ludwig Feuerbach und der Ausgang der klassischen deutschen Philosophie
  ISBN 978-65-5717-331-2

  1. Feuerbach, Ludwig, 1804-1872. 2. Materialismo dialético. 3. Socialismo. I. Schneider, Nélio. II. Chagas, Eduardo. III. Strazzeri, Victor. IV. Título. V. Série.

23-87418
CDD: 335.4
CDU: 330.85

Meri Gleice Rodrigues de Souza - Bibliotecária - CRB-7/6439

Este livro compõe a trigésima nona caixa do clube Armas da crítica.

É vedada a reprodução de qualquer parte deste livro sem a expressa autorização da editora.

1ª edição: janeiro de 2024

**BOITEMPO**
Jinkings Editores Associados Ltda.
Rua Pereira Leite, 373
05442-000 São Paulo SP
Tel.: (11) 3875-7250 / 3875-7285
editor@boitempoeditorial.com.br
boitempoeditorial.com.br | blogdaboitempo.com.br
facebook.com/boitempo | twitter.com/editoraboitempo
youtube.com/tvboitempo | instagram.com/boitempo

# SUMÁRIO

Nota da edição ..................................................................................................7

Apresentação – *Eduardo Chagas* ......................................................................9

Prólogo a "Ludwig Feuerbach e o fim da filosofia clássica alemã" –
*Victor Strazzeri* ................................................................................................23

Ludwig Feuerbach e o fim da filosofia clássica alemã ...................................29
    [Prefácio] ....................................................................................................31
    I ..................................................................................................................33
    II .................................................................................................................45
    III ................................................................................................................57
    IV ................................................................................................................67

Apêndice .........................................................................................................89
    Sobre a história do cristianismo primitivo ...............................................91
        I ..............................................................................................................91
        II .............................................................................................................99
        III ..........................................................................................................111
    Teses sobre Feuerbach – *Karl Marx* .......................................................125

Índice onomástico .........................................................................................129

Cronologia resumida de Marx e Engels .......................................................133

Coleção Marx-Engels ....................................................................................147

# NOTA DA EDIÇÃO

Em seu 33º volume, a coleção Marx-Engels da Boitempo traz ao leitor brasileiro o consagrado texto "Ludwig Feuerbach e o fim da filosofia clássica alemã", trabalho que se situa entre as obras fundantes do pensamento marxista e mostra a relação entre o marxismo e seus predecessores filosóficos, representado pelas figuras mais importantes da filosofia clássica alemã – Hegel e Feuerbach –, oferecendo uma exposição sistemática dos fundamentos do materialismo dialético e histórico.

Engels o publicou pela primeira vez em 1886, na revista *Die Neue Zeit* (ano IV, n. 4 e 5), e depois, em 1888, em Stuttgart, como separata revisada com um prefácio escrito por ele. No ano de 1889, excertos da obra surgiram em língua russa na revista *Severny Vestnik*, de São Petersburgo – uma versão completa seria lançada em 1892, em tradução de Gueórgui Plekhánov. No mesmo ano, veio a público uma tradução búlgara. Em 1894, a revista mensal socialista *L'Ère Nouvelle*, de Paris, em seus números 4 e 5, trouxe à luz a tradução francesa de Laura Lafargue, revista por Engels. Não houve outras edições durante o tempo de vida do autor, porém, mais tarde, esse escrito seria editado várias vezes em língua alemã e em diversos outros idiomas.

Além do texto principal, esta edição conta com dois apêndices. O primeiro deles, "Sobre a história do cristianismo primitivo", foi escrito de 19 de junho a 16 de julho de 1894 para a revista *Neue Zeit*, inserido nos números 1 e 2, v. I/13, de 1894/1895. Traduzido pela filha de Marx, Laura Lafargue, para o francês, ele apareceria na revista *Le Devenir Social*, números 1-2, de abril/maio de 1895. Uma das obras fundamentais do chamado ateísmo científico, o escrito é resultado de muitos anos de estudos sobre a origem e a essência do cristianismo, tema do interesse de Engels desde 1841, sobre o qual ele já expusera seus pontos de vista nos artigos "Bruno Bauer e o cristianismo primitivo" e "O livro do Apocalipse". O segundo apêndice, mais conhecido como "Teses sobre Feuerbach", foi escrito por Marx em meados de 1845, em Bruxelas. Constava em seu caderno de notas de 1844-1847 sob o título "1. ad Feuerbach". Foi publicado pela primeira vez como apêndice da edição de 1888 de *Ludwig Feuerbach e o fim da filosofia clássica alemã*, mencionada anteriormente, ocasião em que Engels editou o texto e lhe deu o título de "Marx sobre Feuerbach". A versão aqui reproduzida foi traduzida originalmente para o livro *A ideologia alemã*[1], desta mesma coleção.

Quanto aos textos de origem, "Ludwig Feuerbach e o fim da filosofia clássica alemã" foi traduzido de *Marx-Engels Werke*, v. 21 (Berlim, Dietz, 1962), p. 259-307; "Sobre a história do cristianismo primitivo" foi traduzido de *Marx-Engels Werke*, v. 22 (Berlim, Dietz, 1977), 447-73; e "Teses sobre Feuerbach" foi traduzido de *Marx-Engels-Jahrbuch 2003*, v. 1 (Berlim, Akademie, 2004).

Para efeito de identificação, as notas de rodapé chamadas por asterisco são de autoria de Engels, enquanto as notas numeradas são da edição alemã (N. E. A.), da edição brasileira (N. E.) e da tradução brasileira (N. T.). Interpolações entre colchetes e referências bibliográficas em português nas notas da edição alemã são de autoria do tradutor brasileiro, salvo quando houver indicação em contrário.

A Boitempo agradece a toda a equipe que tornou esta edição possível: ao tradutor Nélio Schneider; a Eduardo Chagas, autor da apresentação; a Victor Strazzeri, autor do prólogo; a Arlene Clemesha, autora do texto de orelha; a Antonio Kehl, diagramador; a Cássio Loredano, criador da ilustração de capa; a Marina Silva Ruivo, preparadora do texto; e a Thaís Nicoleti de Camargo, revisora.

---

[1] Karl Marx e Friedrich, Engels, *A ideologia alemã: crítica da mais recente filosofia alemã em seus representantes Feuerbach, B. Bauer e Stirner, e do socialismo alemão em seus diferentes profetas* (trad. Rubens Enderle, Nélio Schneider e Luciano Cavini Martorano, São Paulo, Boitempo, 2007), p. 537-9.

# APRESENTAÇÃO

*Eduardo Chagas*[1]

O presente volume traz duas obras dos anos finais da vida de Friedrich Engels (1883--1895), "Ludwig Feuerbach e o fim da filosofia clássica alemã" e "Sobre a história do cristianismo primitivo", além de uma versão das "Teses sobre Feuerbach" editada pelo autor. Os escritos tratam da necessidade da superação do hegelianismo, da prestação de contas com o pensamento de Feuerbach – enfatizando sua relevância para o materialismo, para a formação do materialismo histórico e, por conseguinte, o papel desempenhado por ele na fundação do próprio marxismo –, bem como da luta contra a religião cristã oficial institucionalizada – que prega a felicidade no além, conformando os homens para suportarem os sofrimentos deste mundo –, sem deixar, no entanto, de tomar a religião também como forma de reação à dominação, a exemplo do cristianismo primitivo – voltado para o bem comum das primeiras comunidades cristãs na vida terrena, no aquém, e não no além.

Entre abril e maio de 1886, a revista *Die Neue Zeit*, órgão teórico dos sociais--democratas alemães (Eduard Bernstein, Karl Kautsky), publicou, nos volumes 4 e 5, o texto "Ludwig Feuerbach e o fim da filosofia clássica alemã"[2]. Uma versão revisada e estendida da obra saiu em Stuttgart, em 1888. Esse trabalho do Engels maduro é resultado de uma resenha crítica, encomendada a ele pela revista *Die Neue Zeit*, da tese de doutorado do dinamarquês Carl Nicolaj Starcke sobre Ludwig Feuerbach[3],

---

[1] Pós-doutor em filosofia pela Universität Münster (Alemanha) (2018-2019) e doutor em filosofia pela Universität von Kassel (Alemanha) (2002). É professor efetivo do curso de filosofia e do Programa de Pós-Graduação em Filosofia da Universidade Federal do Ceará (UFC). Atualmente, é pesquisador bolsista de produtividade do CNPQ e membro da Internationale Gesellschaft der Feuerbach-Forscher (Sociedade Internacional Feuerbach).

[2] As obras do Engels maduro, como o *Anti-Dühring* (1878), a *Dialética da Natureza* (1886) e *Ludwig Feuerbach e o fim da filosofia clássica alemã* (1886) são também fundantes do marxismo – esta última foi, inclusive, lida com muito entusiasmo por Vladímir Lênin e por György Lukács, que dela trataram, respectivamente, em *O que fazer?* e *História e consciência de classe*.

[3] Ver Carl Nicolaj Starcke, *Ludwig Feuerbach* (Stuttgart, Ferdinand Enke, 1885).

publicada em livro em 1885. Feuerbach exerceu grande influência na formação intelectual de Marx e do próprio Engels, bem como na crítica de ambos à filosofia hegeliana. Em seu texto, Engels faz uma análise materialista da história da filosofia, ou, em outras palavras, um acerto de contas do materialismo histórico com a filosofia que vem após a morte de Hegel, isto é, um balanço de toda a filosofia alemã de sua época e das consequências do desenvolvimento capitalista na conformação do pensamento filosófico do país após o fracasso das Revoluções de 1848.

Essa obra engelsiana está dividida em quatro partes. A primeira (I), trata da crítica do materialismo histórico ao idealismo clássico, principalmente às contradições existentes no idealismo de Hegel; a segunda (II), da oposição entre materialismo e idealismo, da defesa do materialismo histórico marxista contra o materialismo vulgar mecanicista anglo-francês do século XVIII e do materialismo alemão do século XIX de Feuerbach, bem como da crítica ao positivismo, às metafísicas positivistas do final do século XIX, como o agnosticismo inglês (crítica à tentativa de reabilitação de Hume) e o neokantismo alemão (crítica à reabilitação de Kant); a terceira (III), da crítica marxista ao idealismo de Feuerbach, presente em sua crítica da religião e em sua ética; e, por fim, a quarta parte (IV) procede à defesa do marxismo e do movimento dos trabalhadores, de sua consciência de classe e da ação emancipadora, enfim, da "realização prática" da filosofia, que seria, para Engels, o verdadeiro ponto de saída, não só da filosofia clássica alemã, que se encontrava alheia às demandas postas pelo final do século XIX, mas também da sociedade burguesa em sua totalidade.

A parte I da obra "Ludwig Feuerbach e o fim da filosofia clássica alemã" é dedicada à recepção crítica da filosofia de Hegel e de suas contradições, ao reconhecimento do caráter progressista de sua dialética e à intrepretação dinâmica das relações entre o real efetivo e o racional. O marxismo tem o real efetivo (*wirklich*), a realidade efetiva (*Wirklichkeit*), que é a realidade com suas partes concatenadas, articuladas, num todo, não como mera cópia de um mundo ideal, como em Platão, nem como coisa-em-si incognoscível, como em Kant, mas como um instância material, que tem uma "lógica" interna, uma "inteligibilidade" imanente, que pode ser apreendida, demonstrada e transformada. Essa compreensão vem, particularmente, de Hegel. Isso está resssaltado, como o próprio Engels demonstra, na famosa frase do Prefácio às *Linhas fundamentais da filosofia do direito*, em que Hegel afirma: "Tudo o que é real é racional e tudo o que é racional é real" ("*Alles was wirklich ist, ist vernünftig, und alles was vernünftig ist, ist wirklich*")[4]. Muitos interpretaram, e ainda atualmente consideram, essa frase de Hegel como

---

[4] Ver também a *Enciclopédia das Ciências Filosóficas* (*Enzyklopädie der philosophischen Wissenschaften*) (1830), § 6, em que Hegel retoma essa questão.

*Apresentação*

validação de todo elemento existente (*alles Bestehenden*), como o real imediato, ou como apologia à religião, à injustiça, à censura, ao Estado policial etc. Mas o próprio Engels esclarece que, "para Hegel, contudo, de modo nenhum tudo o que está aí é, sem mais nem menos, real" ("*Bei Hegel aber ist keineswegs alles, was besteht, ohne weiteres auch wirklich*")[5]. A realidade efetiva, o efetivo, é também o necessário (*notwendig*), ou seja, ela tem o que é necessário para ser o que ela é: "'A realidade se revela, em seu desenvolvimento, como a necessidade'" ("'*die Wirklichkeit erweist sich in ihrer Entfaltung als die Notwendigkeit*'")[6]. Se é efetiva, uma realidade, mesmo que se apresente a nós como "perversa", tem o necessário para ser o que é, é provida de necessidade, e possui uma "justificação", um "sentido", em si mesma. Mas a afirmação da racionalidade do real proposta por Hegel porta, em sua dialética (*Dialektik*), uma contradição (*Widerspruch*), pois tudo o que é real perece com o tempo, com o desenvolvimento histórico e se torna, como Engels nota, irreal (*unwirklich*), irracional (*unvernünftig*), sem razão de ser, e não necessário.

A filosofia de Hegel é, para Engels, toda contraditória. Aparentemente, ela é antidogmática, avessa a verdades absolutas, pois defende, como na *Fenomenologia do espírito*, que a verdade (*Wahrheit*) não é definitiva, mas resultado do processo do próprio conhecer, do desenvolvimento histórico do saber, que se eleva de estágios simples a estágios complexos, sem jamais alcançar verdades absolutas, eternas. Também na *Ciência da Lógica* Hegel parece não querer encontrar verdades absolutas, mas sim mostrar o processo de determinação, de desenvolvimento, da ideia absoluta, que, no seu início, é ideia abstrata, que se exterioriza, se torna natureza e regressa a si própria no espírito, para se tornar novamente absoluta no espírito representativo-religioso, no espírito contemplativo-estético e, por fim, no espírito especulativo-filosófico, ou seja, na própria filosofia hegeliana. Não só no plano do conhecimento filosófico, mas também no plano da política, da ação prática, não se vê nas *Linhas fundamentais da filosofia do direito* um Estado ideal para a humanidade ou uma sociedade perfeita como um ponto definitivo, um desfecho pleno, um fim da história, mas etapas, estados transitórios que se desdobram do inferior ao superior. Essa filosofia dialética de Hegel parece ser aberta, sem verdades definitivas, pois ela "aponta a transitoriedade de tudo e em tudo, e nada subsiste diante dela, exceto o processo ininterrupto do devir e do perecer, do ascender sem cessar do mais baixo até o mais alto"[7]. Assim, Engels acusa Hegel tanto de conservador, por não estabelecer vínculos com o lado de fora de seu

---

[5] Neste volume, p. 34.
[6] Idem.
[7] Ibidem, p. 36-7.

11

sistema, por não tratar do presente, da particularidade histórica, mas somente de etapas que são conservadas, legitimadas e superadas no plano abstrato da razão, no interior do seu sistema filosófico, quanto de dogmático, por conta da exigência de seu sistema filosófico de ordenar e sistematizar as etapas, finalizando-as como verdades necessárias e absolutas.

A filosofia dialética de Hegel é sistêmica, isto é, um todo orgânico, vivo, articulado. E, por ser sistêmica, ela é, na análise de Engels, efêmera, transitória (*vergänglich*). Isso decorre justamente da necessidade do espírito humano de querer ser, ao contrário, permanente (*unvergänglich*), excluindo, para tanto, a todo momento, todas as contradições. Mas, se todas as contradições fossem suprimidas, as verdades absolutas do sistema, que são contraditórias, seriam também eliminadas e, com isso, se eliminaria o próprio sistema. Engels vai mais longe, ao anunciar corajosamente que, com Hegel, se encerra a filosofia. Diz ele: "por um lado, porque ele sintetiza todo o seu desenvolvimento em seu sistema da maneira mais grandiosa; por outro lado, porque ele nos mostra, ainda que inconscientemente, a saída desse labirinto dos sistemas para o conhecimento objetivo real do mundo"[8]. Não se trata aqui de forma nenhuma, como se poderia pensar, da defesa de Engels do fim (*Ende*) literal da filosofia, mas de uma saída, de uma passagem, tanto da filosofia clássica alemã, quanto de uma época para outra. Para Engels, o fim ou saída (*der Ausgang*) é necessário para se pensar e enfrentar a racionalidade e as contradições do mundo burguês que ficaram do lado de fora (*aus*) da filosofia de Hegel e das reflexões da esquerda hegeliana.

Apesar de ter criticado duramente a filosofia hegeliana, Engels não deixa de reconhecer a grandeza e o valor de Hegel. Diz ele que Hegel "como foi não só um gênio criativo mas também um homem dotado de erudição enciclopédica, marcou época em todos os campos em que atuou"[9]. O sistema de Hegel, considera Engels, é maior e mais rico de pensamento do que qualquer sistema filosófico anterior. Sua *Fenomenologia do espírito* apresenta diversos estágios pelos quais a consciência do homem evoluiu na história. Hegel desenvolveu um grande sistema lógico, que envolve a Lógica, a Filosofia da Natureza e a Filosofia do Espírito, sendo que esta se desdobra em filosofia da história, filosofia do direito, filosofia da religião, história da filosofia e estética. Essas partes são "construções" que se mantêm unidas em um todo, "construções" do edifício de seu pensamento, no qual encontramos ainda presentes diversos e preciosos "tesouros" que devem ser suprassumidos, quer dizer, negados, conservados e elevados ou incorporados ao conhecimento sistematizado do mundo, atualmente posto em outro patamar.

---

[8] Ibidem, p. 40.
[9] Ibidem, p. 39.

*Apresentação*

Na parte II da obra, Engels não só critica, mas também elogia a filosofia de Feuerbach, as contribuições de seu materialismo para o processo de dissolução do sistema especulativo hegeliano, indicado na parte I, e para a formação do materialismo histórico marxista. Logo de início, Engels levanta o problema central: "A grande questão fundamental de toda filosofia, especialmente da mais recente, é a da relação entre pensar e ser"[10]. E interroga: "o que é o primordial, o espírito ou a natureza? – essa pergunta (...) foi Deus que criou o mundo, ou o mundo existe desde a eternidade?"[11]. "Dependendo da resposta dada a essa pergunta, os filósofos se dividiram em dois grandes grupos. Aqueles que afirmaram a primordialidade do espírito em relação à natureza e, em consequência, assumiram, em última análise, alguma espécie de criação do mundo (...) constituíram o grupo do idealismo. Os outros, os que encaravam a natureza como o primordial, pertencem às diversas escolas do materialismo"[12]. Essas questões têm raízes bem antigas, pois remetem aos homens que, desde tempos remotos, acreditavam que o pensamento não pertencia ao corpo, mas somente à alma, que habitaria provisoriamente o corpo, mas, após a morte, dele se separaria e continuaria a viver eternamente. É dessa situação que surge a representação da imortalidade da alma, que, naquela época, e ainda hoje, significa não consolo, mas desgraça, uma situação contra a qual o homem nada pode fazer. E, para se livrar dessa limitação natural, o homem criou também a representação da imortalidade pessoal[13].

Esse tema levantado por Engels, da relação entre alma (*Seele*) e corpo (*Körper*), espírito (*Geist*) e natureza (*Natur*), pensar (*Denken*) e ser (*Sein*) tem significados diferentes para o idealismo (*Idealismus*) (de Descartes a Hegel) e para o materialismo (*Materialismus*) (de Hobbes a Feuerbach). Idealismo e materialismo são, na verdade, antagônicos: o idealismo afirma a predominância do espírito e o materialismo enfatiza a primazia da natureza[14]. Há também entre os filósofos idealistas, como Hegel, por exemplo, uma identidade na diferença entre pensar e ser: se é (ser), é pensável (pensar), e se é pensável, é. E, em Hegel, o pensar e o produto do pensar, a ideia, são originais, de forma que a natureza é mera "exteriorização" da ideia do pensar, simples resultado do desenvolvimento do pensar, e, assim sendo,

---

[10] Ibidem, p. 45.
[11] Ibidem, p. 46.
[12] Idem.
[13] Sobre a imortalidade, ver Eduardo Ferreira Chagas, "A natureza como negação da imortalidade da alma em Feuerbach", em *Natureza e Liberdade em Feuerbach e Marx* (Campinas, Phi, 2016), p. 28-38.
[14] Acerca da primazia e da autonomia da natureza, ver Eduardo Ferreira Chagas, "A defesa de Feuerbach da primazia da natureza ante o espírito", em *Natureza e Liberdade em Feuerbach e Marx*, cit., p. 79-84.

é uma instância derivada, secundária. Já para o materialismo, o ser é e existe independentemente do pensar, de forma que a natureza é, como em Feuerbach, originária, nem criada por Deus nem produzida pelo pensar humano. Para Feuerbach, diz Engels: "A natureza existe independentemente de toda filosofia; ela é a base sobre a qual crescemos nós, os humanos, que também somos produtos dela; nada existe além da natureza e dos humanos, e os seres superiores criados pela nossa fantasia religiosa não passam de espelhamento fantasioso do nosso ser"[15]. "A matéria não é produto do espírito, mas o próprio espírito é o produto supremo da matéria. Isso naturalmente é materialismo puro"[16]. Feuerbach rejeitou o idealismo absoluto de Hegel, desfez a contradição entre ser e pensar, quebrou o sistema hegeliano e, com isso, colocou, sem dúvida, o materialismo novamente no centro de sua filosofia.

A relevância de Feuerbach está relacionada, para Engels, ao fato de ele ter ressaltado a primazia da natureza em relação ao espírito, ter restaurado o materialismo e, com isso, ter evitado a mistura que os hegelianos de esquerda fizeram do materialismo francês com o hegelianismo. No entanto, a crítica de Engels a Feuerbach mira o aspecto de este não ter desenvolvido plenamente as potencialidades de suas descobertas, mantendo no seu materialismo o idealismo de Hegel, e, por isso, ter sido incapaz de superar cabalmente o hegelianismo, retomando o materialismo francês mecânico e anti-histórico do século XVIII, sem articulação com os progressos técnicos, com as novas ciências da natureza e com a história do século XIX, não podendo, portanto, apreender o mundo como um processo histórico, em contínua formação. O próprio Feuerbach confessa isto expressamente: "Olhando para trás, concordo inteiramente com os materialistas, mas não olhando para frente"[17]. O desenvolvimento intelectual de Feuerbach é descrito por Engels como o caminho de um hegeliano não ortodoxo em direção ao materialismo, mas que, em algum momento, rompeu com esse caminho, ou seja, recuou diante da tarefa de superar o idealismo de Hegel. Em síntese, Feuerbach mantém o idealismo no interior de seu materialismo, isto é, não supera a filosofia hegeliana. Assim, dessa visão crítica de Engels, deduz-se que Feuerbach não é para ele o fim (*Ausgangen*) integral da filosofia clássica alemã, mas ainda o elo intermediário, o elemento de transição, entre o idealismo e o materialismo.

Uma vez exposta, nas partes I e II, a crítica do materialismo marxista ao idealismo de Hegel, ao materialismo vulgar do século XVIII e ao materialismo de Feuerbach, a parte III adensa a crítica específica de Engels ao idealismo ainda presente no

---

[15] Ver, neste volume, p. 43.
[16] Ibidem, p. 50.
[17] Idem.

*Apresentação*

materialismo de Feuerbach. Engels considera a filosofia de Feuerbach, na verdade, uma mistura de materialismo e idealismo. Ele aponta a presença explícita do idealismo na filosofia da religião (*Religionsphilosophie*) e na ética (*Ethik*) de Feuerbach. Embora seja um crítico das religiões pagãs e da regilão cristã, Feuerbach não quer, de acordo com Engels, aboli-las, mas efetivá-las. Para Feuerbach, a essência, o fundamento, da religião (*Religion*) é o sentimento (*Gefühl*), o coração (*Herz*); ela significa, originalmente, *religare*, daí que estabeleça a relação de sentimento, conexão sensível entre o homem e a natureza, como nas religiões pagãs, ou o elo entre os homens, na relação sensível entre o eu e o tu, como na religião cristã.

Tanto nas religiões pagãs, quanto na religião cristã, não se revela, como Feuerbach defende, o sensível, a relação sensível do homem com a natureza ou com outros homens, mas manifestações do idealismo. Nas religiões pagãs, a natureza é deus; ela é endeusada, divinizada. Mas, a natureza tomada como deus não é a natureza objetiva empiricamente observável, mas a natureza tomada abstratamente, isto é, a natureza abstraída da própria natureza, e o homem tem aqui uma relação não com a natureza concreta, mas com a natureza em geral. O idealismo também se verifica na crítica à religião cristã. Ao defender que o fundamento da religião cristã é a antropologia, e que o Deus cristão é o homem divinizado, isto é, o homem abstraído de sua corporeidade, de sua materialidade, Feuerbach revela o seu idealismo: o Deus cristão não é o homem sensível, corpóreo, mas apenas "produto de um demorado processo de abstração (...), o reflexo fantasioso, o espelhamento do ser humano (...), o ser humano abstrato e, portanto, ele próprio é, por sua vez, uma imagem ideal"[18]. Esse idealismo, escondido no interior do materialismo feuerbachiano, mostra, segundo Engels, o inverso do que é propagado por Feuerbach acerca da religião, a saber: o que fundamenta a religião não é a sensibilidade (*Sinnlichkeit*), mas o pensamento (*Gedanke*); não se trata do homem sensível, mas do homem desprendido de sua sensibilidade; e, por fim, não há aqui relações concretas entre os homens, mas intercâmbios entre homens abstratos.

Tal como na sua filosofia da religião, na ética de Feuerbach permanece o seu idealismo, pois ele fala de homem, de natureza, de intercâmbio entre homem e natureza e entre homens, mas apenas na abstração. Diz Engels: "Ele não nos sabe dizer nada determinado nem sobre a natureza real nem sobre o ser humano real"[19]. Ele fala do homem sensível, mas abstraído do mundo efetivo em que ele vive e é condicionado historicamente. Feuerbach também não investiga, segundo Engels, as condições materiais e o papel histórico do bem (*Gut*) e do mal (*Böse*). Feuerbach defende que o fundamento da ética é a satisfação do "impulso para a

---

[18] Ibidem, p. 60.
[19] Ibidem, p. 65.

felicidade" (*Glückseligkeitstrieb*), que é inato ao ser humano. E aponta duas regras fundamentais dessa sua ética: primeiro, para satisfazermos nosso impulso para a felicidade, devemos ver as consequências das nossas ações, e, segundo, para satisfazermos nosso impulso para a felicidade, devemos fazer valer a igualdade de direito dos outros para realizarem também seus impulsos para a felicidade. "Feuerbach toma essa exigência como absoluta, como válida para todos os tempos e todas as circunstâncias"[20]. Engels observa que, para realizar o impulso para a felicidade, o homem deve ocupar o mundo efetivo e ter os meios materiais e espirituais para a satisfação de suas necessidades, como moradia, alimentação, educação, saúde etc. A ética de Feuerbach pressupõe abstratamente, como observa Engels, que esses meios de satisfação já estão dados a todos os homens. Mas, na Antiguidade, entre escravos e senhores; na Idade Média, entre servos e senhores, e na Modernidade, entre trabalhadores e capitalistas, estava garantida a igualdade de direito para a realização do impulso de felicidade de todos? No idealismo de Feuerbach, a igualdade de direito está reconhecida. Na verdade, Feuerbach não consegue encontrar o caminho que parte dessa abstrata igualdade de direito de felicidade, do reino das abstrações, em direção à realidade efetiva, ao reino concreto da igualdade. Esse passo, defende Engels, Feuerbach não deu, mas Marx e ele, Engels, sim.

Na quarta e última parte, Engels reconhece o trabalhador como força impulsionadora da história e apresenta o marxismo, a dialética materialista marxista, como resultado da dissolução da esquerda hegeliana (Strauss, Bruno Bauer, Stirner, Ruge, Feuerbach, entre outros). Ele toma agora o marxismo, e não Feuerbach, como ponto de saída da filosofia clássica alemã, porque este, apesar de ter exercido um papel significativo, não liquidou criticamente Hegel e o idealismo alemão. A ruptura com o idealismo alemão, com a filosofia hegeliana e, com isso, o regresso ao materialismo, direciona o marxismo à apropriação do mundo real – da natureza e da história – tal como ele se apresenta, sem tomar como mediações ideias fixas idealisticamente preconcebidas. O marxismo visa à apreensão dos fatos em seus nexos reais, e não em nexos fantásticos, dados por ideias abstratas. Isso não quer dizer que tenha deixado Hegel de lado, pois se aliou ao seu lado progressista, isto é, ao seu método dialético. No entanto, tal método dialético, do modo como foi concebido por Hegel, era para o marxismo inutilizável, pois foi reduzido ao autodesenvolvimento abstrato do conceito absoluto, ou da ideia absoluta. Esta, no seu começo, a partir de suas contradições entre o ser (*Sein*) e o nada (*Nichts*), se exterioriza e se torna natureza; depois, nega a natureza e repõe a si mesma na forma de espírito, que, agora na consciência, se eleva e, em seguida, se exterioriza na história, na família, na sociedade civil e no Estado. Esse autodesenvolvimento

---

[20] Ibidem, p. 63.

do conceito se dá apenas abstratamente, só no nível do conceito, sem passar pelo real efetivo. Para livrar-se desses "ornatos idealistas", dessa camada abstrata da dialética hegeliana, a fim de resgatar o seu caráter progressista, o marxismo deve "conceber os conceitos (...) em termos materialistas como retratos das coisas reais, em vez de conceber as coisas reais como retratos desse ou daquele estágio do conceito absoluto"[21]. Essa consideração do marxismo é necessária e suficiente para repor a dialética materialista, isto é, para recolocar a dialética, que estava "posta de cabeça para baixo", novamente sob os pés.

A inversão, não partir dos conceitos abstratos, e sim das coisas reais, leva à superação da dialética idealista de Hegel e da velha metafísica, e abre espaço para o marxismo pensar o que ficou de fora da filosofia clássica alemã, a saber, o mundo da sociedade burguesa do século XIX. Esse mundo, marcado pelas novas especialidades, a fisiologia, a embriologia, a geologia, e pelas descobertas decisivas da célula, da transformação da energia e da evolução das espécies, desenvolvida por Darwin, exige uma nova concepção de natureza que a aproxime do processo de desenvolvimento histórico. Isso gerou uma profunda modificação nesses saberes, que, ultrapassando o estágio de mera "ciência coletora", voltada para o estudo dos objetos como coisas prontas, puderam se tornar "ciência ordenadora", dedicada ao estudo da "origem e do desenvolvimento dessas coisas e do nexo que vincula esses processos naturais em uma grande totalidade"[22]. O que vale para a natureza, para as ciências da natureza, que puseram fim à filosofia abstrata da natureza, vale também para a história da sociedade, que, sob a influência da concepção de história de Marx, pôs fim também à filosofia abstrata da história e passou por profundas mudanças, apesar das diferenças entre os agentes: na história, homens dotados de consciência agem em busca de determinadas finalidades sob o impulso da reflexão ou da paixão; na natureza, fatores cegos e desprovidos de consciência atuam uns sobre os outros em interação recíproca. Enfim, o último Engels acredita no desenvolvimento das ciências da natureza para a expansão da produção material; tem o marxismo, o materialismo histórico marxista, como saída da filosofia clássica alemã, que não mais reponde teoricamente ao mundo efetivo da sociedade burguesa moderna; e vê os trabalhadores, que são incompatíveis com a ordem burguesa de produção, isto é, que, "de modo nenhum se reconciliaram com a empresa capitalista mecanizada"[23], como a força motriz, a "potência impulsionadora consciente" da história, ou seja, como a única classe capaz de implementar a "mudança (...) no modo de produção" burguês, a saída

---

[21] Ibidem, p. 69.
[22] Ibidem, p. 71.
[23] Ibidem, p. 76.

dessa sociedade rumo a uma nova forma de sociabilidade fundada na igualdade, na liberdade e na justiça reais entre todos os homens. Sobre isso, declara Engels, concluindo o seu texto:

> A classe trabalhadora foi a única que preservou intacto o senso teórico alemão. Não há como extirpá-lo dali; ela não tem escrúpulos quanto à carreira, o resultado lucrativo, a proteção misericordiosa vinda de cima; pelo contrário, quanto mais inescrupuloso e imparcial for o procedimento da ciência, tanto mais ela estará em consonância com os interesses e as aspirações dos trabalhadores. A nova tendência, que identificou na história do desenvolvimento do trabalho a chave para a compreensão de toda a história da sociedade, voltou-se desde o início preferencialmente para a classe trabalhadora e teve aí a receptividade que ela não buscou nem esperou ter da ciência oficial. O movimento dos trabalhadores alemães é o herdeiro da filosofia clássica alemã.[24]

\*

A religião pode colaborar com o movimento dos trabalhadores em prol da emancipação humano-social, pois ela não é, necessariamente, "o ópio do povo", nem cooperação com a dominação, nem conformação com a manutenção do *status quo*. É, antes, expressão do movimento histórico de uma dada sociedade e, a depender do contexto, pode ser reacionária, conservadora, reformista, progressista ou até revolucionária. Um exemplo disso é o cristianismo primitivo, originário, que se colocava a favor dos escravos, dos oprimidos, contra a exploração e a dominação do Império Romano. É nesse sentido que o último Engels escreve para revista *Die Neue Zeit* a sua pequena obra "Sobre a história do cristianismo primitivo"[25], publicada em duas partes entre os anos de 1894 e 1895. O texto tem três seções e, no geral, visa evidenciar um paralelo entre o cristianismo primitivo (*Urchristentum*) e o movimento operário moderno (*moderne Arbeiterbewegung*). Na seção I, Engels explicita justamente os pontos de contato entre o cristianismo primitivo e o movimento socialista moderno (*moderne sozialistische Bewegung*). Para ele, os dois são movimentos de massas, e como tal, ambos são, no começo, contraditórios, confusos, pois pregam uma união impossível. Ambos, como movimentos dos oprimidos, defendem a emancipação da servidão e da miséria, mas se diferenciam no fato de um querer essa emancipação no além, na vida celestial, e o outro, no aquém, na vida terrena. Ambos são também censurados, perseguidos

---

[24] Ibidem, p. 87.
[25] Sobre o cristianismo primitivo no marxismo clássico, ver Rosa Luxemburgo, *O socialismo e as igrejas* (*Der Sozialismus und die Kirche*) (1905), Vladímir Lênin, *O socialismo e a religião* (*Sozializm i religiya*) (1905) e Karl Kautsky, *A origem do cristianismo* (*Der Ursprung des Christentums*) (1908).

e considerados inimigos da sociedade e do Estado. Séculos depois, o cristianismo primitivo torna-se religião universal, oficial, e o movimento socialista moderno, o movimento dos trabalhadores, realiza conquistas substanciais.

Na seção II, Engels apresenta a base científica para se conhecer a história da formação do cristianismo e cita duas tendências: a primeira, representada por David Strauss e pela Escola de Tübingen, que procura salvar a parte histórica do cristianismo, excluindo dela "todos os milagres e todas as contradições", como bruxarias, magias, adivinhações, alquimias, e uma "grande quantidade de outras lendas de mártires" e "muitas narrativas (...) duvidosas"[26]; e a segunda, representada por Bruno Bauer, que defende que o cristianismo não nasceu só do judaísmo, isto é, de elementos judaicos e greco-alexandrinos, mas também de componentes greco-romanos, como os platônicos e, sobretudo, os estóicos, que o tornaram uma religião universal. Enfatiza Engels: "Os locais de nascimento da nova religião não são [segundo Bauer] Galileia e Jerusalém, mas Alexandria e Roma"[27]. Levando em consideração as contribuições de Bauer, considera que o cristianismo nascente não foi "importado de fora", da Judeia, e imposto exteriormente ao mundo greco-romano, pois ele é também um autêntico produto desse mundo greco-romano. No entanto, Engels toma o livro do "Apocalipse" de São João, apesar de sua obscuridade, como o mais importante para se compreender o cristianismo primitivo, pois ali estaria registrado seu verdadeiro conteúdo. Esse livro contém várias imagens de Jesus Cristo. Uma delas é a de Cristo como "'o Cordeiro' (*das Lamm*) que foi sacrificado pelos pecados do mundo"[28], fazendo com que todos os fiéis fossem perdoados por Deus. Engels encontra aqui a base fundamental para que o cristianismo primitivo se convertesse em religião universal, a saber: com o sacrifício voluntário de um mediador, de um único homem, desapareceria a necessidade de sacrifícios posteriores e de cerimônias religiosas, ligadas aos sacrifícios, que dificultavam ou proibiam o comércio entre os fiéis de crenças diferentes. Essas representações religiosas não correspondiam mais, no entanto, às necessidades objetivas daquele momento, em que as sociedades precisavam desenvolver o comércio. Para Engels, a permissão para o comércio foi a base material para o cristianismo se tornar uma religião universal.

Na terceira e última seção, Engels demonstra as consequências da elevação da religião cristã primitiva, oprimida, à condição de religião cristã universal, oficial. Disso resultou que as comunidades cristãs se espalhassem pelo mundo antigo e encontrassem um mundo oprimido. Diz Engels: "À perda da independência

---

[26] Ver, neste volume, p. 99.
[27] Ibidem, p. 101.
[28] Ibidem, p. 104.

e organização própria se somou a espoliação violenta pelas autoridades militares e civis, que primeiro privavam os subjugados de seus tesouros e depois lhes emprestavam os mesmos tesouros a juros exorbitantes, para que com eles pudessem pagar por novas extorsões. A pressão dos impostos e a carência de dinheiro provocada por ela em regiões que praticavam exclusiva ou predominantemente a economia natural lançaram os camponeses cada vez mais profundamente na servidão por dívida para com usurários, produzindo grandes desigualdades patrimoniais, enriquecendo os ricos e empobrecendo de vez os pobres"[29]. Os primeiros cristãos eram provenientes das camadas mais baixas do povo: escravos, homens livres decadentes, laboriosos, fatigados, pequenos camponeses endividados, empobrecidos etc. Diante da diversidade dos grupos, dos interesses divergentes e até opostos, era difícil encontrar uma saída comum que envolvesse a todos. Como observa Engels: "Para todos eles o paraíso tinha ficado para trás como paraíso perdido; para os livres decaídos, a antiga pólis, que era cidade e Estado ao mesmo tempo, cujos cidadãos livres foram, em tempos idos, seus ancestrais; para os escravos prisioneiros de guerra, o tempo da liberdade anterior à subjugação e ao cativeiro; para os pequenos camponeses, a sociedade gentílica destruída e a propriedade coletiva do solo"[30]. Na verdade, não havia esperança e possibilidade de emancipação comum para todos. Então, a religião cristã oficial encontrou uma saída para as massas desiludidas, uma via que ela mesma proporcionou, mas não no mundo terreno, e sim no "além", no paraíso, a fim de recompensar depois da morte os fiéis que sofreram, padeceram, neste mundo de "vale de lágrimas". Completamente diferente desse cristianismo triunfante, em que os fiéis renunciam a este mundo e ficam à espera do reino celestial, o cristianismo originário tinha o germe da luta, da resistência e da certeza de suas próprias convicções, que desapareceu do cristianismo como religião universal, mas que se reencontrou, se desenvolveu e permaneceu aceso entre o movimento operário moderno e os socialistas em prol da emancipação humano-social.

\*

Por fim, consta no apêndice deste volume o texto "Marx über Feuerbach", redigido em maio ou junho de 1845 por Marx, mas que só em fevereiro de 1888 foi publicado com algumas alterações por Engels, como anexo à sua obra *Ludwig Feuerbach e o fim da filosofia clássica alemã*. Composto de 11 teses, ele o considera um ajuste de contas com a filosofia pós-hegeliana – particularmente com Feuerbach –, germe de uma nova concepção de mundo. A Tese 1 tem como central o conceito de atividade (*Tätigkeit*) humana. Destaca que falta ao materialismo

---

[29] Ibidem, p. 112.
[30] Ibidem, p. 111.

*Apresentação*

antigo e ao moderno, inclusive a Feuerbach, o lado subjetivo (*subjektiv*), ativo (*tätig*) da atividade, do pensamento, que foi oferecido e mantido pelo idealismo, embora de forma abstrata. Feuerbach conhece só a atividade passiva, a contemplação sensível (*sinnliche Anschauung*), a intuição sensível ou o conhecimento empírico imediato-sensível das coisas, e reduz a prática à atividade utilitarista, egoísta, "mesquinhamente judaica", faltando-lhe, pois, a dimensão subjetiva presente no objeto e na atividade humana, o intercâmbio entre o objetivo e o subjetivo, que se dá não pela mera ideação, mas na atividade efetiva, na atividade revolucionária enquanto unidade prático-crítica. Por isso, na Tese 2, Marx recusa atribuir ao pensamento (*Denken*) verdade objetiva (*gegenständliche Wahrheit*) se ele permanece abstrato, isolado da prática, enclausurado na subjetividade, separado de sua efetivação, da atividade, que o põe.

Na Tese 3, Marx reafirma o caráter revolucionário da atividade prático-crítica, que transforma a sociedade e os indivíduos. Daí a crítica aos socialistas utópicos (em particular, a Robert Owen), aos materialistas franceses do XVIII e ao próprio Feuerbach, que acreditam que o homem é um ser passivo, modelado pelas condições externas, formado pela educação (*Erziehung*) e pelas circunstâncias (*Umstände*), esquecendo-se que ele é, na verdade, ativo e, por isso, a educação e as circunstâncias são também produzidas e alteradas por ele. A separação entre o condicionante (o determinante) e o condicionado (o determinado) é visível, como aponta a Tese 4, na religião (*Religion*), que duplica o mundo em sagrado *(heilig)* e profano (*weltlich*) . Feuerbach tem o mérito de ter posto o fundamento mundano (*weltliche Grundlage*) da religião, mas, uma vez descoberto isso, faltou a ele, segundo Marx, entender, explicar e eliminar na prática o mundo material burguês, que cria as condições para o surgimento da alienação religiosa (*religiöse Entfremdung*). O que fundamenta a religião não é, para Feuerbach, o pensamento abstrato (*abstrakte Denken*), mas a contemplação sensível (a intuição sensível), embora esta, como ressalta a Tese 5, permaneça em Feuerbach contemplativa, no campo da consciência, não ligada à atividade crítico-prática, humano-sensível.

Feuerbach revela que o segredo da teologia é a antropologia, ou seja, que a essência da religião é uma essência humana (*menschliche Wesen*). Na Tese 6, Marx esclarece que o homem em Feuerbach é o indivíduo isolado, desprendido da história e, por isso, sua essência não é o conjunto das relações sociais, mas um princípio genérico, a vida genérica como generalidade (*Allgemeinheit*), como universalidade abstrata. Daí a Tese 7 enfatizar que Feuerbach trata o indivíduo e seu sentimento religioso (*religiöse Gemüt*) como abstrações, e não como produtos sociais, deixando, portanto, de visualizar "que o indivíduo abstrato que ele analisa pertence, na realidade, a uma determinada forma de sociedade (*bestimmte Gesellschaftsform*)". Contra Feuerbach, Marx defende, na Tese 8, que o indivíduo, todos os seus "mistérios" e suas manifestações religiosas, afetivas e intelectuais são produtos da práxis humana (*menschliche Praxis*) e encontram soluções racionais no âmbito da prática social. As Teses 9 e 10 apresentam uma distinção entre o velho materialismo (*alte Materialismus*), limitado à intuição sensível, contemplativa, ao indivíduo isolado da sociedade civil burguesa (*bürgerliche Gesellschaft*), e o novo materialismo, estabelecido por Marx e Engels, que nega o trabalho alienado, a propriedade privada e o domínio coercitivo do Estado, e defende uma sociedade humana socializada, na qual predomine o homem, o retorno do homem para si enquanto ser individual e social e impere o seu reino da liberdade. Para isso, Marx finaliza, na Tese 11, a mais famosa de todas, com uma palavra de ordem: interpretar para mudar o mundo. Trata-se aqui de reivindicar não a nulificação da teoria, a eliminação da interpretação, mas a ampliação dela, para incluir a crítica do devir, a ruptura, a mudança enquanto prática revolucionária.

# PRÓLOGO
## a "Ludwig Feuerbach e o fim da filosofia clássica alemã"

*Victor Strazzeri*[1]

Embora curto, *Ludwig Feuerbach e o fim da filosofia clássica alemã* de Friedrich Engels é um texto de importância e impacto superlativos. Com exceção do *Manifesto Comunista*, o *Feuerbach* de Engels, publicado em 1886, é provavelmente a fonte do maior número de formulações com as quais a concepção materialista da história passou a ser identificada (e combatida) na sua vasta recepção: da conhecida metáfora de que a dialética hegeliana teria sido posta "de cabeça para baixo" pelos jovens Marx e Engels à afirmação – que fecha o pequeno livro – de que o "movimento dos trabalhadores alemães" seria "o herdeiro da filosofia clássica alemã". Não se trata de proposições inéditas na produção dos dois pensadores; o imperativo de virar a filosofia hegeliana "do avesso" para desmistificá-la já aparece no posfácio de 1873 à segunda edição do Livro I de *O capital*[2]; por sua vez, a tese de que o "*combate crítico da filosofia contra o mundo alemão*" encontraria suas "armas *materiais*" no proletariado é do Marx de 1843-1844[3].

O mérito do *Feuerbach* de Engels consiste, portanto, menos na originalidade do que na força retórica e sugestiva que deu a essas e outras formulações, até o ponto de convertê-las em lugares-comuns do debate sobre o pensamento marxista. Nesse aspecto do legado da obra, contudo, reside também seu caráter contraditório. Na clareza e plasticidade do texto de Engels é visível seu caráter di-

---

[1] Doutor em ciência política pela Universidade Livre de Berlim e coordenador de projeto no Instituto de Teoria Crítica de Berlim (InkriT). Pós-doutorado em história pelas universidades de Berna e Genebra. Pós-doutorando em ciências sociais na Unifesp. Autor de *The Young Max Weber and German Social Democracy: The "Labour Question" and the Genesis of Social Theory in Imperial Germany (1884-1899)* (Brill, 2022).

[2] Nas mãos de Hegel, afirma Marx no posfácio de 1873, a dialética "se encontra de cabeça para baixo. É preciso desvirá-la, a fim de descobrir o cerne racional dentro do invólucro místico"; Karl Marx, *O capital: crítica da economia política*, Livro I: *O processo de produção do capital* (trad. Rubens Enderle, São Paulo, Boitempo, 2013), p. 129. Jorge Grespan dedicou um importante ensaio ao tema: "A dialética do avesso", *Crítica marxista*, n. 14, 2002, p. 21-44.

[3] Karl Marx, *Crítica da filosofia do direito de Hegel* (São Paulo, Boitempo, 2005), p. 150 e 156.

vulgativo e de intervenção. Não por acaso. O objetivo do autor do *Feuerbach* é ressaltar o valor da teoria e, sobretudo, do pensamento dialético, para o movimento operário em ascensão na Alemanha Imperial de meados dos anos 1880. No entanto, esse mesmo esforço de tornar acessíveis para um público militante debates teórico-filosóficos complexos – e, na época, em grande medida esquecidos – fizeram do *Feuerbach* um alvo preferencial de críticas aos supostos "limites" de Engels a ao papel "deletério" que teria desempenhado na disseminação das ideias de Marx. A dialética de Hegel, desse ponto de vista, assim como a crítica da economia política de Marx, perderiam em riqueza na apropriação e exposição de Engels. Esse breve prólogo tem como objetivo situar o *Feuerbach* não só para apontar o equívoco reducionista dessas leituras, mas para ressaltar o que a obra tem a nos ensinar sobre a gênese da tradição marxista e o papel chave que nela desempenhou Engels.

É, sem dúvida, saudável (e necessário) manter uma relação crítica com Engels e com os demais clássicos. É essa a atitude do autor do *Feuerbach*, que não hesita em apontar como os dois "Zeus olímpicos" da cultura alemã, Hegel e Goethe, tinham também um lado "filisteu", enraizado na atmosfera conservadora e provinciana de seu país. Engels, aliás, nunca hesitou em relativizar o próprio papel no desenvolvimento da concepção materialista da história, como é visível em uma conhecida nota de rodapé do *Feuerbach*[4]. Essa atitude dá a tônica da pequena obra; nela, Engels nos oferece uma reconstrução lúcida e sem nostalgia das principais polêmicas e posições teórico-filosóficas vigentes na década de 1840 em terras alemãs, sobretudo no que diz respeito às correntes intelectuais que disputavam a herança filosófica de Hegel e dos demais representantes do idealismo "clássico" alemão (Kant, Fichte, Schelling etc.). Trata-se de um relato vindo direto da fonte. Os protagonistas do *Feuerbach,* além do próprio filósofo que o intitula, são o coletivo de intelectuais iconoclastas ao qual Marx e Engels pertenceram por certo tempo, os "jovens hegelianos". Movidos pela carga revolucionária do pensamento dialético, seus representantes criticaram radicalmente o relato bíblico (David Friedrich Strauss), a religião cristã e judaica (Bruno Bauer), o Estado e a ordem estabelecida (Max Stirner) e, finalmente, o próprio Hegel (Ludwig Feuerbach). Contudo, como ressalta Engels, ao manter sua crítica desligada da práxis concreta – mesmo quando postulavam uma "filosofia do ato" (Moses Hess) –, esses pensadores ficaram, em última instância, aquém do "idealista" Hegel. O gesto crítico de considerar a religião, o Estado, a propriedade etc., meras "ilusões" – ou, nos termos de Stirner, "assombrações" –, ainda que radical, os reduzia a simples fenômenos da *consciência*. Em outras palavras, os "jovens hegelianos" perderam

---

[4] Ver, neste volume, a nota da p. 68.

## Prólogo a "Ludwig Feuerbach e o fim da filosofia clássica alemã"

de vista a sua dimensão objetiva – na linguagem de Hegel, seu caráter "necessário" –, pois ignoraram seu fundamento nas formas de produção e reprodução da vida dos seres humanos reais. A historicização das várias manifestações da alienação e da opressão por parte desses pensadores ficara, portanto, incompleta; não abria caminhos efetivos para a sua superação *revolucionária*. É essa mudança de perspectiva – não apenas teórica, mas também política – que fundamenta o distanciamento de Marx e Engels em relação a essa corrente intelectual entre 1843 e 1846, como demonstram os acertos de contas com seus representantes que publicaram[5] ou redigiram[6] nesse período.

Ironicamente, o que o relato retrospectivo de Engels nos revela, é que o alinhamento dele e de Marx com a ala herética da recepção de Hegel, assim como sua afinidade com o seu primeiro grande crítico materialista, Ludwig Feuerbach, foram importantes, porém transitórias estações em uma trajetória político-intelectual na qual o vínculo *com Hegel* é que se prova a constante. Um vínculo que, como o autor deixa claro, passa por uma crítica dos fundamentos mistificados de seu pensamento; isto é, pela apropriação do "método" de Hegel (revolucionário e ainda vigente) e o abandono de seu "sistema" (conservador e apologético): outra conhecida – e discutida – formulação do *Feuerbach*. Para Engels, o grande mérito de Hegel foi propor "que o mundo não deve ser concebido como um complexo de *coisas* prontas, mas como um complexo de *processos*"[7]. No *Feuerbach*, Engels não se limita a recuperar essa "grande ideia fundamental"; ele a *aplica ao pensamento marxista*. Nesse sentido, uma espécie de fio condutor oculto do opúsculo de Engels é historicizar a dialética materialista, ou seja, revelar a sua gênese a partir da aplicação dos seus próprios pressupostos metodológicos.

Como já referido acima, há uma razão e um destinatário concretos para esse esforço: o Partido Social-Democrata Alemão. A organização de massas, liderada por August Bebel e Wilhelm Liebknecht e posta na ilegalidade por iniciativa de Bismarck em 1878, continuava sua curva ascendente – em termos eleitorais e de popularidade entre o proletariado urbano – em meados dos anos 1880, a

---

[5] Ver *Sobre a questão judaica* (redigido por Marx em 1843 e publicado em 1844) e a *A sagrada família* (redigido por Marx e Engels em 1844 e publicado em 1845). Ambos disponíveis na coleção Marx-Engels da Boitempo.

[6] Trata-se das "Teses sobre Feuerbach" (redigidas por Marx em 1845 e publicadas em 1888, após sua morte, como apêndice ao *Feuerbach* de Engels) e de *A ideologia alemã* (redigida por Marx e Engels entre 1845-1846 e publicada paulatinamente já no século XX. A Boitempo lançou uma acurada edição de *A ideologia alemã* em 2007, contendo também as "Teses", que vêm republicadas neste volume na excelente tradução de Nélio Schneider.

[7] Ver, neste volume, p. 70.

despeito da repressão que sofria nas mãos das autoridades da Alemanha Imperial. Observando os desenvolvimentos da Inglaterra, o risco de uma virada reformista e consequente amoldamento à ordem por parte dos sociais-democratas alemães foram preocupações constantes da última fase de vida tanto de Marx – lembremos de sua *Crítica ao Programa de Gotha* de 1875 – quanto de Engels. Foi esse último, contudo, que mais ativamente interveio nos debates dos sociais-democratas, já que os problemas de saúde e os esforços para concluir *O capital* limitaram a disponibilidade de Marx nos anos que precederam a sua morte em 1883. Em uma carta de 14 de novembro de 1879 a Bebel, Engels deixa claro, contudo, que gostaria de mudar o foco da sua intervenção perante o movimento operário alemão: "Você e Liebknecht já sabem: a única coisa que eu pedi ao partido é que me deixe tranquilo para que eu possa concluir meus trabalhos teóricos". Engels menciona ter sido "repetidamente requisitado" sempre que surgiam polêmicas na imprensa do partido, o que levou à produção de "toda uma série de artigos e opúsculos... como *Sobre a questão da moradia* [1873] e o *Anti-Dühring* [1878]". Ele considerava uma tarefa mais oportuna aproveitar o distanciamento das lutas e polêmicas cotidianas do partido alemão para, "de tempos em tempos, passar acontecimentos e declarações pelo crivo dos princípios teóricos válidos para todo o movimento proletário moderno"[8]. O *Feuerbach* surge precisamente desse desejo de Engels de dar ênfase à teoria tanto em sua produção quanto em seu diálogo com os sociais-democratas alemães.

Contudo, seria ir na contramão da dialética materialista forjada por ele e por Marx produzir um manual de princípios abstratos, um receituário de como pensar e agir de "modo marxista" para uso desses interlocutores. Por essa razão, a exposição de Engels dos fundamentos da concepção materialista da história passa pela reconstrução do contexto filosófico dos anos 1840, no qual ela surgiu. Esse esforço, no entanto, não se reduz a uma "história das ideias". No *Feuerbach*, Engels remete constantemente ao contexto político e às transformações sociais que converteriam o período que aborda numa etapa pré-revolucionária para quase todo o continente europeu. Uma das principais teses avançadas por Engels é exatamente que os embates no campo filosófico por ele narrados constituíram um prelúdio das revoluções que eclodiriam em 1848. Não foram os *únicos* desenvolvimentos a antecipar a revolução – os anos 1840 foram marcados pelas primeiras explosões de revolta de artesãos e operários na Alemanha –, muito menos a sua *causa*. Ao

---

[8] "Friedrich Engels a August Bebel, 14 de novembro de 1879", em *Marx-Engels Werke*, v. 34 (Berlim, Dietz, 1966), p. 420-1. Engels publicou *A origem da família, da propriedade privada e do Estado* em 1884 e trabalhou na sua inconclusa *Dialética da Natureza* em diversos intervalos durante as décadas de 1870 e 1880. Ambos os títulos estão disponíveis na coleção Marx-Engels da Boitempo.

*Prólogo a "Ludwig Feuerbach e o fim da filosofia clássica alemã"*

contrário, Engels trata o curioso fato de que a preparação das revoluções de 1848-1849 nas terras alemãs se deu principalmente em um plano intelectual e abstrato, como uma *questão histórica*, igualmente merecedora de análise crítica. Logo, faz dela outro fio condutor de seu opúsculo.

E é propriamente na abordagem de Engels que estão contidas, para além da riqueza da sua reconstrução da atmosfera intelectual dos anos 1840 alemães, lições para a crítica da ideologia em outros tempos e lugares. O *Feuerbach* de Engels nos dá, por exemplo, pistas para explicar por que, em determinados períodos históricos, o conflito e as transformações sociais provocam um desenvolvimento "exponencial" da teoria: pensemos na explosão teórica que sucede a Revolução Russa de 1917 e que perdura até o fim da década de 1920; ou na renovação global do pensamento crítico na década que precedeu o maio de 1968 e na que o sucedeu. O *Feuerbach* de Engels, vale dizer, também marcou época no campo da teoria, sobretudo pelo texto até então inédito de Marx que foi publicado com ele, as *Teses sobre Feuerbach*. Com isso, deu início à conformação de uma corrente de pensamento plural, mas coerente, fundada no legado intelectual revolucionário de Marx. O marxismo, poderíamos dizê-lo sem exagero, "nasce" com a dupla publicação do opúsculo de Engels e das *Teses* de Marx, somada à contemporânea ascensão do Partido Social-Democrata Alemão à posição de organização de vanguarda do movimento operário internacional. Curiosamente, a renovação teórica que Engels pretendia impulsionar em terras alemãs encontrou seus melhores interlocutores além de suas fronteiras. Foram o italiano Antonio Labriola (1843-1904) e o russo Georgi Plekhánov (1856-1918) os primeiros a compreender o caráter revolucionário do materialismo de Marx e de sua "filosofia da práxis", algo que Engels pôde testemunhar durante seus últimos anos de vida na década de 1890. Os principais teóricos da social-democracia alemã de então, por outro lado, ou renunciariam abertamente ao pensamento dialético, clamando por um "retorno a Kant" (Eduard Bernstein), ou continuariam presos à forma mecânica do materialismo (Karl Kautsky) que Marx já havia definitivamente superado em suas *Teses*. Seriam as duas gerações posteriores de intelectuais marxistas, a de Vladímir Lênin, Rosa Luxemburgo e Leon Trótski – nascidos na década de 1870 – e a de György Lukács, Antonio Gramsci e Juan Carlos Mariátegui – nascidos entre 1885 e 1894 –, já nos marcos da ruptura com a social-democracia alemã e sob o impacto da Revolução de Outubro, as responsáveis pelo desenvolvimento ulterior da concepção materialista da história; isto é, foram elas que colheram os impulsos – ainda vigentes – do *Feuerbach*.

Para quem o lê num distante Brasil contemporâneo, o convite de Engels ao confronto com a gênese da tradição intelectual inaugurada por Marx e por ele mantém sua atualidade. Com seu pequeno livro, Engels retornou a um tempo talvez excessivamente teórico (os anos 1840) para inspirar revolucionários que não davam suficiente atenção à teoria (nos anos 1880), demonstrando que é possível reconstruir debates filosóficos complexos com clareza sem sacrifício da profundidade, com fineza formal sem cair no academicismo e, sobretudo, ressaltando que o trabalho teórico é essencial para cumprirmos o programa inscrito na última tese sobre Feuerbach: o trabalho de *transformar o mundo*. Tanto tempo depois de sua publicação, o que ainda transparece nas páginas do *Feuerbach* é, finalmente, um aspecto da tradição marxista que Engels, nas palavras de Lukács, soube plenamente incorporar: o "princípio revolucionário da vida"[9].

---

[9] György Lukács, "Zum hundertsten Jahrestag der Geburt Friedrich Engels", em *Revolution und Gegenrevolution: politische Aufsätze II* (Darmstadt e Neuwied, Luchterhand, 1976), p. 175.

# LUDWIG FEUERBACH E O FIM
# DA FILOSOFIA CLÁSSICA ALEMÃ

# Ludwig Feuerbach

und der

## Ausgang der klassischen deutschen Philosophie

von

## Friedrich Engels

Revidirter Sonder-Abdruck aus der „Neuen Zeit"

Mit Anhang

### Karl Marx über Feuerbach

vom Jahre 1845

---

Stuttgart
Verlag von J. H. W. Dietz
1888

# [Prefácio]

No prólogo a *Para a crítica da economia política* (Berlim, 1859), Karl Marx narra como nós dois resolvemos, no ano de 1845, em Bruxelas, "trabalhar em conjunto a fim de esclarecer o antagonismo existente entre a nossa maneira de ver" – ou seja, a concepção materialista da história, trabalhada principalmente por Marx – "e a concepção ideológica da filosofia alemã; tratava-se, de fato, de um ajuste de contas com a nossa consciência filosófica anterior. Esse projeto foi realizado sob a forma de uma crítica da filosofia pós-hegeliana. O manuscrito, dois grandes volumes *in-octavo*, estava há muito com o editor na Vestfália, quando soubemos que novas circunstâncias já não permitiam a sua impressão. De bom grado abandonamos o manuscrito à crítica corrosiva dos ratos, tanto mais que tínhamos atingido nosso fim principal, que era enxergar claramente as nossas ideias"[1].

Quarenta anos se passaram desde então e Marx faleceu sem que a nenhum de nós se tivesse oferecido a oportunidade de retornar ao tema. Manifestamo-nos em algumas passagens sobre nossa relação com Hegel, mas, em lugar nenhum, em um contexto mais abrangente. Nunca mais retornamos a Feuerbach, que, todavia, em alguns aspectos constitui um elo entre a filosofia hegeliana e nossa concepção. Entrementes a visão marxiana do mundo encontrou adeptos muito

---

[1] Karl Marx, *Contribuição à crítica da economia política* (trad. Maria Helena Barreiro Alves, São Paulo, Martins Fontes, 2011), p. 6-7. Marx se refere à obra *A ideologia alemã*, escrita em coautoria com Friedrich Engels (ver v. 3 da MEW [tradução Boitempo, 2007]). (N. T.)

além das fronteiras da Alemanha e da Europa e inclusive em todas as línguas cultas do mundo. Em contrapartida, a filosofia clássica alemã experimenta uma espécie de renascimento no exterior, principalmente na Inglaterra e na Escandinávia, e, ao que parece, até na Alemanha as pessoas estão fartas das sopas ecléticas pouco substanciosas servidas nas universidades sob o nome de filosofia.

Nessas circunstâncias, cada vez mais me pareceu ser uma exigência da hora oferecer uma exposição sucinta e coerente de nossa relação com a filosofia hegeliana, de quando saímos e nos separamos dela. E, da mesma forma, pareceu-me ser uma dívida de honra ainda não liquidada reconhecer plenamente a influência que Feuerbach teve sobre nós, mais que todos os outros filósofos pós-hegelianos, durante o nosso período do *Sturm und Drang* [Tempestade e Ímpeto]. De bom grado, portanto, aproveitei a oportunidade quando a redação da revista *Die Neue Zeit* [O novo tempo] solicitou que eu fizesse uma apreciação crítica do livro de Starcke sobre Feuerbach*. Meu trabalho foi publicado nos cadernos de números 4 e 5 de 1886 daquela revista e é republicado aqui, agora em separata revisada.

Antes de liberar estas linhas para impressão, busquei o velho manuscrito de 1845-1846 e dei uma nova olhada nele. A seção sobre Feuerbach não está completa. A parte completa consiste na exposição da concepção materialista da história, que apenas demonstra como naquela época ainda eram incompletos nossos conhecimentos da história econômica. Falta ali a crítica da teoria de Feuerbach porque, para o propósito daquele momento, ela não tinha serventia. Em compensação, encontrei em um velho caderno de Marx as onze teses sobre Feuerbach aqui impressas como anexo. Trata-se de anotações para elaboração posterior, postas de forma rápida no papel, absolutamente não destinadas à impressão, mas inestimáveis como o primeiro documento em que foi registrado o embrião genial da nova visão de mundo.

Friedrich Engels, Londres, 21 de fevereiro de 1888.

---

\* Dr. phil. Carl Nikolai Starcke, *Ludwig Feuerbach* (Stuttgart, Ferd. Encke, 1885).

# I

O presente escrito* nos faz remontar a um período que cronologicamente dista de nós um pouco mais que uma geração, mas que se tornou tão estranho à geração atual na Alemanha como se já tivesse acontecido há um século. E, no entanto, tratou-se do período de preparação da Alemanha para a revolução de 1848; e tudo o que aconteceu entre nós desde então nada mais é que continuação de 1848, não passa de execução do testamento da revolução.

A exemplo do que ocorreu na França no século XVIII, também na Alemanha do século XIX foi a revolução filosófica que inaugurou o colapso político. Mas quanta diferença entre as duas! Os franceses se encontravam em franca luta contra toda a ciência oficial, contra a Igreja e frequentemente também contra o Estado; seus escritos eram impressos no exterior, na Holanda ou na Inglaterra, e eles próprios quase sempre estavam na iminência de se mudar para a Bastilha. Em contraste, os alemães eram professores, mestres da juventude designados pelo Estado, seus escritos eram manuais didáticos reconhecidos, e o sistema em que culminou todo o desenvolvimento, o sistema hegeliano, chegou de certo modo a ser alçado ao *status* de filosofia do Estado monárquico prussiano! Estaria a revolução oculta por trás desses professores, por trás de suas palavras pedantes e obscuras, em suas frases desajeitadas e tediosas? As pessoas que, naquele tempo, eram tidas como representantes da revolução, os liberais, não eram justamente os adversários mais ferrenhos dessa filosofia que confundia

---

\* Dr. phil. Carl Nikolai Starcke, *Ludwig Feuerbach* (Stuttgart, Ferd. Encke, 1885).

as cabeças? Porém, o que nem os governos nem os liberais viram foi visto, já em 1833, por pelo menos *um* homem, ninguém menos que Heinrich Heine[2].

Tomemos um exemplo. Nenhum enunciado filosófico deixou governos tacanhos tão agradecidos e liberais igualmente tacanhos tão enfurecidos quanto esta famosa sentença de Hegel: "Tudo o que é real é racional e tudo o que é racional é real"[3].

Isso de fato foi palpavelmente a santificação de tudo o que está aí, a consagração filosófica do despotismo, do Estado policialesco, da justiça ditada pelo regente, da censura. E assim foi entendido por Frederico Guilherme III, bem como por seus súditos. Para Hegel, contudo, de modo nenhum tudo o que está aí é, sem mais nem menos, real. Para ele, o atributo da realidade só compete àquilo que é concomitantemente necessário; "A realidade se revela, em seu desenvolvimento, como a necessidade"; daí que uma normativa qualquer do governo – o próprio Hegel cita o exemplo de "um certo sistema de imposto"[4] – de modo nenhum é real para ele assim sem mais nem menos. Porém, o que é necessário acaba se revelando, em última análise, também como racional, e, portanto, aplicada ao Estado prussiano daquela época, a sentença hegeliana significa tão somente isto: esse Estado é racional,

---

[2] Engels se refere às observações de Heinrich Heine sobre a "revolução filosófica na Alemanha", em que ele disse, entre outras coisas, o seguinte: "Nossa revolução filosófica está terminada. Hegel encerrou seu grande ciclo". Ver seus artigos redigidos em 1833: "Zur Geschichte der Religion und Philosophie in Deutschland [Sobre a história da religião e da filosofia na Alemanha]", em *Der Salon. Zweiter Teil* (Hamburgo, Hoffmann & Campe, 1835) [ed. bras.: *Contribuição à história da religião e filosofia na Alemanha*, trad. Márcio Suzuki. São Paulo, Iluminuras, 1991]. (N. E. A.)

[3] Essa citação, modificada por Engels, é extraída do Prefácio de Hegel ao seu livro *Linhas fundamentais de filosofia do direito ou direito natural e ciência do Estado em compêndio* [trad. Paulo Meneses et al., São Leopoldo, EdUnisinos, 2010] e tem o seguinte teor exato na formulação de Hegel: "O que é racional é real; e o que é real é racional" [p. 41, trad. modificada]. (N. E. A.)

[4] G. W. F. Hegel, *Enciclopédia das ciências filosóficas em compêndio. Parte I: A lógica*, § 147; § 142, adendo [trad. Paulo Meneses, São Paulo, Loyola, 1995, p. 274 e 267]. (N. E. A.)

correspondente à razão, na medida em que ele é necessário; e se ele, apesar disso, parecer ruim, mas continuar existindo a despeito de sua ruindade, a ruindade do governo encontra sua razão de ser e sua explicação na correspondente ruindade dos súditos. Os prussianos daquele tempo tiveram o governo que mereciam.

Segundo Hegel, todavia, a realidade de modo nenhum é um atributo que compete, sob todas as circunstâncias e em todas as épocas, a uma condição social ou política dada. Pelo contrário. A república romana foi real, e o foi também o império romano que tomou o seu lugar. Em 1789, a monarquia francesa tinha se tornado tão irreal, isto é, tão privada de toda necessidade, tão irracional, que teve de ser aniquilada pela grande revolução, da qual Hegel sempre falou com o maior entusiasmo. Aqui, em consequência, a monarquia era o irreal, e a revolução, o real. E, assim, no decurso do desenvolvimento, tudo o que antes era real se torna irreal, perde sua necessidade, seu direito à existência, sua racionalidade; o lugar do real que se extingue é ocupado por uma nova realidade – capaz de viver de modo pacífico quando o velho é suficientemente sensato para aceitar a morte sem resistir, de modo violento, quando ele se obstina contra essa necessidade. E, assim, a própria sentença hegeliana se converte no seu oposto por meio da dialética hegeliana: tudo o que é real no âmbito da história humana torna-se irracional com o passar do tempo e, por conseguinte, já é irracional por sua destinação, sendo afetado desde o início pela irracionalidade; e tudo o que é racional na maneira de pensar das pessoas está destinado a se tornar real, por mais que pareça contradizer a realidade aparente que está aí. De acordo com todas as regras do método hegeliano de pensar, a sentença da racionalidade de todo o real se dissolve nesta outra: "Tudo o que vem a ser é digno só de perecer"[5].

Entretanto a verdadeira importância e o caráter revolucionário da filosofia hegeliana (à qual temos de restringir-nos como encerramento

---

[5] J. W. Goethe, *Fausto: uma tragédia*, primeira parte, quarto de estudos [trad. Jenny Klabin Segall, São Paulo, Ed. 34, 2011, p. 119]. (N. E. A.)

de todo o movimento desde Kant) consistiram precisamente nisto: ela acabou de uma vez por todas com a definitividade de todos os resultados do pensamento e do agir humanos. Para Hegel, a verdade que se almejava conhecer na filosofia não era mais uma coletânea de sentenças dogmáticas prontas que, uma vez descobertas, só precisam ainda ser decoradas; a verdade passou a residir no próprio processo do conhecer, no longo desenvolvimento histórico da ciência, que ascende de níveis mais baixos para níveis cada vez mais altos do conhecimento, sem, no entanto, jamais chegar, mediante a descoberta de uma assim chamada verdade absoluta, a um ponto em que ela não possa mais prosseguir, em que nada mais lhe reste senão cruzar os braços e maravilhar-se diante da verdade absoluta obtida. E o que aconteceu no âmbito do conhecimento filosófico se repetiu no dos demais conhecimentos e também no do agir prático. A exemplo do conhecimento, tampouco a história pode chegar a um fim consumado em um estado perfeitamente ideal da humanidade; uma sociedade perfeita, um "Estado" perfeito, essas são coisas que só podem existir na fantasia; em contraposição, todos os Estados históricos que sucederam uns aos outros constituem apenas estágios efêmeros no curso interminável do desenvolvimento da sociedade humana do mais baixo ao mais elevado. Cada estágio é necessário e, portanto, justificado para a época e as condições às quais ele deve sua origem; mas ele se torna ultrapassado e injustificado diante de condições novas e mais elevadas que gradativamente se vão desenvolvendo dentro dele mesmo; ele tem de ceder lugar a um estágio mais elevado, que, por sua vez, também atingirá o ponto da decadência e do ocaso. Do mesmo modo que a burguesia dissolve na prática, por meio da grande indústria, da concorrência e do mercado mundial, todas as instituições estáveis e venerandas, essa filosofia dialética dissolve todas as representações de verdade absoluta definitiva e as condições humanas absolutas que lhe correspondem. Diante dela, nada que seja definitivo, absoluto, sagrado subsiste; ela aponta a transitoriedade de tudo e em tudo, e nada subsiste diante dela, exceto o processo ininterrupto do devir e do perecer, do ascender sem cessar do mais baixo até o mais alto, do qual ela é o mero espelhamento no cérebro pensante. Contudo, ela também tem um aspecto conservador: ela reconhece a razão de ser de determinados estágios do conhecimento e da sociedade para suas épocas e circunstâncias; mas só até esse ponto. O conservadorismo dessa maneira de ver as coisas é relativo, seu caráter revolucionário é absoluto – esta é a única coisa absoluta que ela considera válida.

Não precisamos abordar aqui a questão referente a saber se esse modo de ver as coisas combina com o atual estado da ciência natural, que prenuncia um fim possível para a existência da Terra e um fim assegurado para sua habitabilidade e que, em consequência, atribui à história humana não só um ramo ascendente mas também um ramo descendente. Em todo caso, ainda nos encontramos bastante distantes do ponto de mutação, a partir do qual a história da sociedade tomará um rumo declinante, e não podemos exigir que a filosofia hegeliana se tivesse ocupado de um objeto que, na sua época, a ciência natural ainda nem tinha posto na ordem do dia.

Mas o que de fato precisa ser dito aqui é isto: o desenvolvimento descrito não se encontra com toda essa nitidez em Hegel. Trata-se de uma consequência necessária do seu método que ele, no entanto, nunca formulou tão expressamente. E isso pela simples razão de ter sido forçado a criar um sistema, e, de acordo com os requisitos tradicionais, é necessário que um sistema da filosofia conclua com algum tipo de verdade absoluta. Dessa forma, por mais que Hegel enfatize, principalmente na *Lógica*, que essa verdade eterna nada mais é que o próprio processo lógico ou então o próprio processo histórico, ele mesmo se vê obrigado a propor um fim a esse processo, porque, em algum ponto, justamente tem de fazer um fechamento do seu sistema. Na *Lógica*, ele consegue fazer desse fim um recomeço, tendo em vista que, nela, o ponto final, ou a ideia absoluta – que só é absoluta na medida em que ele não sabe dizer absolutamente nada a respeito dela – se "exterioriza", isto é, se transforma na natureza e, mais tarde, retorna a si mesma no espírito, isto é, no pensamento e na história.

Porém, no final de toda a filosofia, uma reversão similar para o início só é possível por uma via, a saber, situando o fim da história no fato de que a humanidade chega à ciência precisamente dessa ideia absoluta e declarando que essa ciência da ideia absoluta foi alcançada na filosofia hegeliana. Desse modo, todavia, todo o conteúdo dogmático do sistema hegeliano é declarado como a verdade absoluta, em contradição com seu método dialético, que dissolve tudo o que é dogmático; com isso o lado revolucionário é sufocado pelo lado conservador que o encobre. E o que vale para o conhecimento filosófico vale também para a prática histórica. A humanidade, que, na pessoa de Hegel, conseguiu avançar até a elaboração da ideia absoluta, também deve, então, ter chegado, na prática, ao ponto de poder executar essa ideia absoluta na realidade. As exigências políticas práticas da ideia absoluta aos contemporâneos não podem, portanto, ser exageradas. E, assim, no final da *Filosofia do direito*, descobrimos que a ideia absoluta deve realizar-se naquela monarquia estamental que Frederico Guilherme III, com vã insistência, prometeu aos seus súditos, ou seja, em um governo indireto das classes dominantes, considerado apropriado, limitado e moderado para as condições pequeno-burguesas alemãs daquela época; e, nessa linha, ainda nos é demonstrada, pela via especulativa, a necessidade da nobreza.

Logo, as necessidades internas do sistema já são por si sós suficientes para explicar por que uma inferência política tão dócil é produzida por um método de pensar revolucionário do começo ao fim. Entretanto, a forma específica dessa inferência decorre do fato de Hegel ter sido um alemão e de, tanto quanto o seu contemporâneo Goethe, levar pendurada às costas uma trança de filisteu. Tanto Goethe quanto Hegel eram, cada um em sua área, um Zeus olímpico, mas eles nunca se livraram totalmente do filisteu alemão.

Mas tudo isso não impediu o sistema de Hegel de abranger um território incomparavelmente maior do que o de qualquer sistema anterior e desenvolver, nesse âmbito, uma riqueza de pensamento que ainda hoje causa estupefação. A fenomenologia do espírito (que poderia ser denominada como um paralelo da embriologia e da paleontologia do espírito, um desenvolvimento da consciência individual através de seus diversos estágios, formulado como reprodução abreviada dos estágios que a consciência humana percorreu historicamente), a lógica, a filosofia da natureza, a filosofia do espírito, e esta última, por sua vez, foi elaborada em suas subformas históricas individuais: filosofia da história, filosofia do direito, filosofia da religião, história da filosofia, estética etc. – em todos esses campos históricos distintos, Hegel trabalha para descobrir e demonstrar o fio que perpassa o desenvolvimento; e, como foi não só um gênio criativo mas também um homem dotado de erudição enciclopédica, ele marcou época em todos os campos em que atuou. É óbvio que, em virtude das necessidades do "sistema", ele bastantes vezes teve de lançar mão daquelas construções forçadas, a respeito das quais seus minúsculos hostilizadores até hoje fazem um alarde terrível. Porém, essas construções são só a moldura e os andaimes de sua obra; quem não se deter desnecessariamente nisso e entrar mais fundo no gigantesco edifício encontrará incontáveis tesouros, que ainda hoje asseguram todo o seu valor. Em todos os filósofos, exatamente o "sistema" é o transitório, e isso justamente porque provém de uma necessidade não transitória do espírito humano: a necessidade de superar todas as contradições. Porém, no momento em que todas as contradições tiverem sido eliminadas de uma vez por todas, teremos chegado à assim chamada verdade absoluta, a história do mundo terá terminado; todavia, ela deve continuar, embora não lhe reste mais nada para fazer – ou seja, uma contradição nova e insolúvel. Assim que tivermos compreendido – e, afinal, ninguém nos ajudou mais nisso do que o próprio Hegel – que a tarefa da filosofia, posta nesses termos, não é senão esta: um único filósofo deve realizar sozinho o que somente a humanidade como um todo pode realizar em seu desenvolvimento progressivo – no momento em que compreendermos isso, também terá chegado ao fim toda a filosofia no sentido em que essa palavra foi usada até agora. Deixa-se fugir a "verdade absoluta" que não pode ser alcançada por essa via nem por qualquer indivíduo e, em vez disso, passa-se a caçar as verdades relativas que se podem alcançar pela via das ciências objetivas e da síntese de seus resultados por meio do pensamento dialético. Hegel leva a termo a filosofia em geral; por um lado, porque ele sintetiza todo o seu desenvolvimento em seu sistema da maneira mais grandiosa; por outro lado, porque ele nos mostra, ainda que inconscientemente, a saída desse labirinto dos sistemas para o conhecimento objetivo real do mundo.

Entende-se bem a enorme repercussão que esse sistema de Hegel necessariamente teria na atmosfera filosoficamente matizada da Alemanha. Tratou-se de uma marcha triunfal que durou décadas e de modo nenhum cessou com a morte de Hegel. Pelo contrário, o período de 1830 a 1840 foi exatamente aquele em que predominou de maneira mais exclusiva a "hegelice" e esta contagiou em maior ou menor grau inclusive seus adversários; exatamente nesse período, as visões hegelianas penetraram em grande profusão, consciente ou inconscientemente, nas mais diversas ciências, e fermentaram também a literatura popular e a imprensa diária, de onde a "consciência culta" comum extrai a matéria de seus pensamentos. Porém, essa vitória em toda a linha foi apenas o prelúdio de uma luta intestina.

Como vimos, o conjunto da teoria de Hegel proporcionou amplo espaço para subsumir as mais diversas visões práticas partidárias; e, na Alemanha teórica daquele tempo, havia sobretudo duas coisas práticas: a religião e a política. Quem punha a ênfase no *sistema* de Hegel conseguia ser bastante conservador nos dois campos; quem via o *método* dialético como ponto principal podia integrar tanto religiosa quanto politicamente a mais radical das oposições. O próprio Hegel, a despeito dos frequentes e coléricos rompantes revolucionários em suas obras, pareceu inclinar-se, no conjunto, mais para o lado conservador, já que o seu sistema lhe tinha custado muito mais "árduo trabalho de pensar" do que seu método. Em torno do final da década de 1830, a cisão na escola foi-se tornando cada vez mais manifesta. A ala esquerda, os assim chamados hegelianos de esquerda, em luta contra ortodoxos pietistas e reacionários feudais, foram pouco a pouco abandonando aquela postura filosófica elegante e reservada em relação aos assuntos candentes do dia a dia, que até aquele momento tinha assegurado aos seus professores tolerância e até proteção estatal; e, no ano de 1840, quando a pieguice ortodoxa e o reacionarismo absolutista feudal ascenderam ao trono na pessoa de Frederico Guilherme IV, tornou-se inevitável tomar partido abertamente. A luta ainda foi travada com armas filosóficas, mas não mais por objetivos filosóficos abstratos; tratava-se diretamente da aniquilação da religião tradicional e do Estado vigente. Enquanto, nos *Deutsche Jahrbücher* [Anais Alemães][6], as finalidades práticas ainda apareciam predominantemente disfarçadas com trajes filosóficos, a escola dos jovens hegelianos revelou-se, na *Rheinische Zeitung* [Gazeta Renana][7] de 1842, abertamente como a

---

[6] *Hallische Jahrbücher* [Anais Hallesianos] e *Deutsche Jahrbücher* [Anais Alemães] são os títulos de uma revista filosófica e literária dos jovens hegelianos publicada na forma de caderno diário de janeiro de 1838 a junho de 1841, na cidade de Halle, como *Hallische Jahrbücher für deutsche Wissenschaft und Kunst* [Anais Hallesianos de Ciência e Arte Alemãs], e de julho de 1841 a janeiro de 1843, na cidade de Leipzig, como *Deutsche Jahrbücher für Wissenschaft und Kunst* [Anais Alemães de Ciência e Arte]. Até junho de 1841, a revista foi editada por Rüge e Echtermeyer em Halle e, a partir de julho de 1841, por Rüge, em Dresden. A mudança da sede da redação da cidade prussiana de Halle (Saale) para a Saxônia e a troca do nome da revista aconteceram porque ela corria o risco de ser proibida em toda a Prússia. Contudo, também sob o novo nome, a revista logo deixaria de ser publicada. Em janeiro de 1843, a publicação dos *Anais Alemães* foi proibida pelo governo da Saxônia e, mediante decreto do Parlamento, essa proibição foi estendida a toda a Alemanha. (N. E. A.)

[7] *Rheinische Zeitung für Politik, Handel und Gewerbe* [Gazeta Renana de Política, Comércio e Indústria] foi um jornal diário publicado de 1º de janeiro de 1842 a 31 de março de 1843 em Köln (Colônia). O jornal havia sido fundado por representantes da burguesia renana que assumiram uma postura oposicionista em relação ao absolutismo prussiano. Alguns jovens hegelianos também foram convidados a colaborar. Em abril de 1842, Karl Marx se tornou colaborador da *Gazeta Renana* e, em outubro do mesmo ano, seu chefe de redação. O jornal também publicou uma série de artigos de Friedrich Engels. Sob o trabalho de redação de Karl Marx, o jornal começou a assumir um caráter democrático-revolucionário cada vez mais nítido. Essa tendência da *Gazeta Renana*, cuja popularidade crescia sem parar na Alemanha, causou preocupação e insatisfação em círculos do governo e desencadeou uma perseguição raivosa da imprensa reacionária contra ela. No

filosofia da burguesia radical em ascensão e só se cobria ainda com o manto da filosofia para enganar a censura.

Naquela época, contudo, a política era um campo muito espinhoso e, assim, a luta principal se voltou contra a religião; pois essa luta também foi, em especial a partir de 1840, indiretamente uma luta política. O primeiro impulso foi dado pela publicação de *A vida de Jesus*, de Strauss, em 1835. À teoria da formação dos mitos dos evangelhos, desenvolvida nesse livro, contrapôs-se mais tarde Bruno Bauer, demonstrando que toda uma série de narrativas dos evangelhos foi fabricada pelos próprios autores. A polêmica entre os dois foi travada sob o disfarce filosófico de uma luta da "autoconsciência" contra a "substância"; a questão referente a saber se as histórias de milagres dos evangelhos surgiram mediante composição tradicional inconsciente de mitos no seio da comunidade ou se foram fabricadas pelos próprios evangelistas foi inflada até se converter na questão referente a saber se o poder que atua decisivamente na história mundial seria a "substância" ou a "autoconsciência"; e, por fim, veio Stirner, o profeta do anarquismo atual – Bakunin extraiu muita coisa dele – e encimou a "autoconsciência" soberana com o seu "único" soberano.

Não continuaremos a tratar desse aspecto do processo de desagregação da escola hegeliana. Mais importante para nós é isto: a massa dos jovens hegelianos mais resolutos foi forçada pelas necessidades práticas de sua luta contra a religião concreta a recuar até o materialismo anglo-francês. E, nesse ponto, eles entraram em conflito com o sistema de sua escola. Ao passo que o materialismo concebe a natureza como a única coisa real, no sistema hegeliano ela representa apenas a "exteriorização" da ideia absoluta, equivalente a uma degradação da ideia; sob todas as circunstâncias, nesse sistema, o pensamento e seu produto, a ideia, são o original, e a natureza é o derivado que só existe em virtude da condescendência da ideia em geral. Em meio a

---

dia 19 de janeiro de 1843, o governo prussiano aprovou um decreto que proibiu a publicação da *Gazeta Renana* a partir de 1º de abril de 1843 a submeteu a uma censura particularmente severa. (N. E. A.)

essa contradição, o pessoal se debatia da melhor ou da pior maneira que encontrava.

Foi então que veio a público *A essência do cristianismo* de Feuerbach[8]. De um só golpe ele pulverizou a contradição, voltando a entronizar sem rodeios o materialismo. A natureza existe independentemente de toda filosofia; ela é a base sobre a qual crescemos nós, os humanos, que também somos produtos dela; nada existe além da natureza e dos humanos, e os seres superiores criados pela nossa fantasia religiosa não passam de espelhamento fantasioso do nosso ser. O encantamento fora quebrado; o "sistema" foi explodido e descartado, a contradição resolvida como algo existente só na imaginação. – É preciso ter vivenciado pessoalmente o efeito libertador desse livro para ter noção do que ocorreu. O entusiasmo foi generalizado: momentaneamente todos nós nos tornamos feuerbachianos. O entusiasmo com que Marx saudou a nova concepção e quanto ele foi influenciado por ela – apesar de todas as ressalvas críticas – pode ser depreendido de *A sagrada família*[9].

Até os erros do livro contribuíram para sua repercussão instantânea. O estilo beletrístico e, em algumas passagens, até empolado assegurou-lhe um público mais amplo e, de qualquer modo, representou um refresco depois dos longos anos de hegelice abstrata e abstrusa. O mesmo vale para a divinização efusiva do amor, que podia ser desculpada, ainda que não justificada, diante da soberania do "pensamento puro" que se tinha tornado insuportável. Mas não podemos esquecer isto: exatamente essas duas debilidades de Feuerbach serviram de ponto de partida para o "socialismo verdadeiro"[10], que, a partir de 1844, se

---

[8] Ludwig Feuerbach, *Das Wesen des Christentums* (Leipzig, Otto Wigand, 1841) [ed. bras.: *A essência do cristianismo*, trad. José da Silva Brandão. Petrópolis, Vozes, 2007]. (N. E. A.)

[9] Ver v. 2 da MEW e Karl Marx, Friedrich Engels, *A sagrada família ou A crítica da crítica contra Bruno Bauer e consortes* (trad. Marcelo Backes, São Paulo, Boitempo, 2003). (N. T.)

[10] *Socialismo "verdadeiro" ou socialismo alemão* foi uma corrente reacionária que se disseminou na década de 1840, principalmente entre a inteligência pequeno-burguesa da Alemanha. Os representantes do socialismo "verdadeiro" – Karl Grün, Moses

espalhou pela Alemanha "culta" como uma praga. Esse "socialismo verdadeiro" substituiu o conhecimento científico pela fraseologia das belas letras, a emancipação do proletariado mediante a reorganização econômica da produção pela libertação da humanidade mediante o "amor", em suma, extraviou-se na beletrística e numa repulsiva excitação amorosa, cujo padrão foi posto pelo senhor Karl Grün. O que além disso não se pode esquecer é isto: a escola hegeliana tinha sido dissolvida, mas a filosofia hegeliana não tinha sido criticamente superada. Strauss e Bauer ressaltaram, cada qual, um dos aspectos dela e os contrapuseram de maneira polêmica. Feuerbach quebrou o sistema ao meio e simplesmente o descartou. Porém não é possível dar conta de uma filosofia simplesmente declarando que ela está errada. E não havia como descartar uma obra tão portentosa quanto a filosofia de Hegel, que teve uma influência enorme sobre o desenvolvimento intelectual da nação, apenas ignorando-a sumariamente. Ela precisava ser "suprassumida [*aufgehoben*]" no sentido que ela própria dava a esse termo, isto é, no sentido de que sua forma fosse criticamente suprimida, mas o novo conteúdo obtido por meio dela fosse resgatado. Mais adiante diremos como isso se deu.

Nesse meio-tempo, contudo, a Revolução de 1848 descartara toda a filosofia tão sem cerimônia quanto Feuerbach havia descartado o seu Hegel. E, desse modo, o próprio Feuerbach também foi posto em segundo plano.

---

Hess, Hermann Kriege e outros – imputaram às ideias do socialismo uma prédica sentimental do amor e da fraternidade e negaram a necessidade da revolução democrático-burguesa. Uma crítica dessa corrente foi oferecida por Karl Marx e Friedrich Engels em suas obras *A ideologia alemã*, *Manifesto Comunista* e outras (ver o v. 3 da MEW, p. 439-530, e o v. 4, p. 3-17, 207-90 e 485-8). (N. E. A.)

## II

A grande questão fundamental de toda filosofia, especialmente da mais recente, é a da relação entre pensar e ser. Desde tempos muito antigos, em que os humanos, ainda totalmente ignorantes a respeito da estrutura do próprio corpo e estimulados por aparições em sonho*[1], desenvolveram a noção de que seu pensar e sentir não seriam atividades do seu corpo, mas de uma alma especial que habita esse corpo e que por ocasião da morte o deixaria – desde esse tempo, eles tiveram de refletir sobre a relação entre essa alma e o mundo exterior. Se ela se separava do corpo na morte e continuava a viver, não havia motivo para inventar uma morte específica para ela; assim surgiu a ideia da imortalidade, que, naquele estágio do desenvolvimento, de modo algum parecia ser um consolo, mas um destino contra o qual nada se podia fazer e, com bastante frequência, como entre os gregos, uma desgraça bem concreta. O que levou, em termos gerais, à tediosa fantasia da imortalidade pessoal não foi a necessidade religiosa de consolo, mas a perplexidade decorrente da visão estreita igualmente

---

\*  Ainda hoje entre os selvagens e bárbaros é generalizada a ideia de que os vultos humanos que aparecem em sonho seriam almas que deixam o corpo por algum tempo; em consequência, o ser humano real também é considerado responsável pelas ações que suas aparições oníricas cometeram em relação ao sonhador. Foi o que descobriu, por exemplo, Im Thurn em 1884 entre os indígenas da Guiana.

[1] Provavelmente Engels está se referindo aqui ao livro *Among the Indians of Guiana: being sketches, chiefly anthropologic, from the interior of British Guiana*, de Everard Ferdinand im Thurn, publicado no ano de 1883 em Londres. (N. E. A.)

generalizada a respeito do que fazer, após a morte do corpo, com a alma que, mal ou bem, tinha sido assumida. Por uma via bastante similar, pela personificação de forças naturais, surgiram os primeiros deuses que, à medida que as religiões tomavam forma, assumiram um formato mais ou menos extramundano, até que, por fim, mediante um processo de abstração, quase diria um processo de destilação, que se constituiu naturalmente no decurso do desenvolvimento intelectual, surgiu na mente das pessoas, a partir dos muitos deuses mais ou menos limitados e que se limitavam mutuamente, a representação do Deus único e exclusivo das religiões monoteístas.

Portanto, a questão da relação entre pensar e ser, entre espírito e natureza, a questão suprema de toda filosofia tem sua raiz, da mesma maneira que toda religião, nas representações estreitas e inscientes da condição de selvageria. Porém ela só pôde ser proposta com toda a precisão, ela só se revestiu de toda a sua importância, quando a humanidade europeia despertou da hibernação da Idade Média cristã. A questão da posição do pensamento em relação ao ser, que, aliás, também desempenhou um papel importante na escolástica da Idade Média, a pergunta: o que é o primordial, o espírito ou a natureza? – essa pergunta culminou, em confronto com a Igreja, nesta: foi Deus que criou o mundo, ou o mundo existe desde a eternidade?

Dependendo da resposta dada a essa pergunta, os filósofos se dividiram em dois grandes grupos. Aqueles que afirmaram a primordialidade do espírito em relação à natureza e, em consequência, assumiram, em última análise, alguma espécie de criação do mundo – e, no caso dos filósofos, como, por exemplo, de Hegel, essa criação muitas vezes é bem mais intricada e impossível do que no cristianismo –, constituíram o grupo do idealismo. Os outros, os que encaravam a natureza como o primordial, pertencem às diversas escolas do materialismo.

Em sua origem, as duas expressões, "idealismo" e "materialismo", não significam nada além disso, e aqui não serão usadas em outro sentido. Adiante veremos o tamanho da confusão que surge quando se introduz nelas qualquer outra coisa.

A questão da relação entre pensar e ser ainda tem, no entanto, outro viés: como se relacionam nossas ideias sobre o mundo que nos rodeia com esse mesmo mundo? Nosso pensamento é capaz de conhecer o mundo real? Somos capazes de gerar um reflexo correto da realidade em nossas representações e nossos conceitos do mundo real? Na linguagem filosófica, trata-se da questão da identidade entre pensamento e ser, e ela é respondida afirmativamente pela grande maioria dos filósofos. No caso de Hegel, por exemplo, a resposta afirmativa vem ao natural: pois aquilo que conhecemos no mundo real é justamente seu conteúdo conforme o pensamento, aquilo que faz do mundo uma realização gradativa da ideia absoluta, a qual existiu desde a eternidade em algum lugar, independentemente do mundo e antes de existir o mundo; é plausível sem mais nem menos que o pensamento possa conhecer um conteúdo que, de antemão, é um conteúdo do pensamento. Igualmente se compreende que, nesse caso, o que deve ser demonstrado já está contido tacitamente no pressuposto. Contudo, isso de modo nenhum impede Hegel de tirar da sua prova da identidade entre pensamento e ser a conclusão seguinte de que a sua filosofia, por ser a correta para o seu pensamento, também é a única correta, e que a identidade entre pensamento e ser deve confirmar-se no fato de a humanidade traduzir imediatamente sua filosofia da teoria para a prática e transformar o mundo inteiro segundo os princípios hegelianos. Trata-se de uma ilusão que ele compartilha com quase todos os filósofos.

Ao lado desses, entretanto, há ainda uma série de outros filósofos que contestam a possibilidade de um conhecimento do mundo ou, pelo menos, de um conhecimento exaustivo dele. Entre estes figuram, dos mais recentes, Hume e Kant, e eles desempenharam um papel muito significativo no desenvolvimento filosófico. O decisivo para refutar essa maneira de ver as coisas já foi dito por Hegel, na medida em que isso foi possível a partir da posição idealista; o que Feuerbach acrescenta em termos de materialismo é mais espirituoso do que profundo. A refutação mais contundente dessas e de todas as outras extravagâncias filosóficas é a prática, a saber, o experimento e a indústria. Quando conseguimos demonstrar a exatidão de nossa concepção de um processo natural, reproduzindo-o pessoalmente, gerando-o a partir de suas condições e, além de tudo, pondo-o a serviço de nossos fins, é o fim da linha para a "coisa em si" inapreensível de Kant. Os elementos químicos gerados pelos corpos das plantas e dos animais subsistiram como "coisas em si" até que a química orgânica começou a expô-los um após o outro; desse modo, a "coisa em si" se tornou uma coisa para nós, como, por exemplo, o corante do alizari, a alizarina, que não fazemos mais crescer no campo, nas raízes do alizari, mas produzimos de modo bem mais barato e simples a partir da antraquinona. Durante trezentos anos, o sistema solar copernicano foi uma hipótese na qual se poderia apostar cem, mil, dez mil contra um, mas não deixava de ser uma hipótese; porém, quando Leverrier, baseado nos dados fornecidos por esse sistema, calculou não só a necessidade da existência de um planeta desconhecido como também o lugar em que ele deveria se encontrar no céu e quando Galle então realmente achou esse planeta[2], o sistema copernicano ficou provado. Mas, quando os neokantianos tentam reavivar a concepção kantiana na Alemanha e os agnósticos a concepção de Hume na Inglaterra (onde ela nunca se extinguiu), isso representa, diante da refutação teórica e prática há muito acontecida, um retrocesso em termos científicos e, na prática, apenas uma maneira envergonhada de aceitar veladamente o materialismo e negá-lo diante do mundo.

    Todavia, nesse longo período de Descartes até Hegel e de Hobbes até Feuerbach, os filósofos de modo nenhum foram movidos exclusivamente pela força do pensamento puro, como acreditavam. Pelo contrário. O que, na verdade, os movia era principalmente o progresso enorme e cada vez mais acelerado da ciência natural e da indústria. Entre os materialistas, isso já havia assomado à superfície, mas também

---

[2] Referência ao planeta Netuno que o astrônomo Johann Galle descobriu do Observatório de Berlim em 1846. (N. E. A.)

os sistemas idealistas se preenchiam cada vez mais com conteúdo materialista e buscavam reconciliar em termos panteístas o antagonismo entre espírito e matéria; de modo que, no final das contas, o sistema hegeliano, por seu método e seu conteúdo, representa apenas um materialismo virado de cabeça para baixo em termos idealistas.

Diante disso, é compreensível que, em sua caracterização de Feuerbach, Starcke tenha analisado primeiro o posicionamento dele sobre essa questão fundamental da relação entre pensamento e ser. Uma sucinta introdução, na qual é descrita a concepção dos filósofos anteriores, em especial desde Kant, em linguagem filosófica desnecessariamente densa, que não faz jus a Hegel por ater-se de maneira demasiadamente formalista a passagens isoladas de suas obras, é seguida de uma exposição detalhada do desenvolvimento da "metafísica" feuerbachiana, como resultante da sequência dos respectivos escritos desse filósofo. Essa exposição é elaborada com diligência e bem estruturada, só que, como todo o livro, onerada pelo peso morto de um modo filosófico de se expressar que de maneira nenhuma é inevitável, tendo um efeito tanto mais incômodo quanto menos o autor se atém à maneira de se expressar da escola em questão ou mesmo à do próprio Feuerbach e quanto mais ele mistura a isso expressões das mais diversas tendências autodenominadas filosóficas, sobretudo das que grassam hoje em dia.

O desenvolvimento de Feuerbach é o de um hegeliano – todavia nunca totalmente ortodoxo – rumo ao materialismo, um desenvolvimento que, em determinado estágio, condiciona uma ruptura total com o sistema idealista do seu predecessor. Com força irresistível acaba se impondo a ele a noção de que a existência pré-mundana da "ideia absoluta" de que fala Hegel, a "preexistência das categorias lógicas", antes que o mundo viesse a ser, não passa de um resquício fantasioso da crença em um criador extramundano, de que o mundo material, perceptível com os sentidos, ao qual nós mesmos pertencemos, é a única coisa real e de que a nossa consciência e o nosso pensamento, por mais suprassensíveis que pareçam, são o produto de um órgão material do corpo, isto é, do cérebro. A matéria não é produto do espírito, mas o próprio espírito é o produto supremo da matéria. Isso naturalmente é materialismo puro. Quando chegou a esse ponto, Feuerbach estacou. Ele não conseguiu superar o preconceito filosófico ditado pelo hábito, não o preconceito contra o tema, mas mais precisamente o preconceito contra a designação do materialismo. Ele diz: "O materialismo é para mim o fundamento do edifício da essência e do saber humanos; mas não é para mim o que ele é para o fisiólogo, para o pesquisador da natureza, como, por exemplo, para Moleschott, e isto necessariamente a partir de sua posição e de sua profissão, ou seja, ele não é o próprio edifício. Olhando para trás, concordo inteiramente com os materialistas, mas não olhando para a frente"[3].

Feuerbach confunde aqui o materialismo, que é uma visão de mundo universal baseada em determinada concepção da relação entre matéria e espírito, com a forma específica em que essa visão de mundo ganhou expressão em determinado estágio histórico, a saber, no século XVIII. Não só isso: ele o confunde com o formato superficial e vulgarizado em que o materialismo do século XVIII subsiste hoje na mente de pesquisadores da natureza e de médicos e foi pregado de porta em porta por Büchner, Vogt e Moleschott na década de 1850. Porém, a exemplo do que ocorreu com o idealismo, o materialismo também percorreu uma série de estágios de desenvolvimento. Diante de toda descoberta que marcou época já no campo da ciência natural, ele teve de modificar sua forma; e, a partir do momento em que a história foi submetida ao tratamento materialista, abriu-se, também nesse campo, uma nova via para o desenvolvimento.

O materialismo do século passado era predominantemente mecânico porque, naquele tempo, de todas as ciências naturais apenas a

---

[3] Engels cita aqui aforismos de Feuerbach extraídos de Karl Grün, *Ludwig Feuerbach in seinem Briefwechsel und Nachlass sowie in seiner philosophischen Charakterentwicklung* [Ludwig Feuerbach em sua correspondência e em seu legado, bem como no desenvolvimento de seu caráter filosófico], v. 2, Leipzig/Heidelberg, 1874, p. 308. (N. E. A.)

mecânica, mais precisamente a dos corpos fixos – celestes e terrestres –, em suma, a mecânica da gravidade, havia chegado a certa finalização. A química ainda existia em seu formato infantil, flogístico. A biologia ainda usava fraldas; o organismo vegetal e o organismo animal tinham sido investigados apenas por alto e eram explicados com base em causas puramente mecânicas; a exemplo do que o animal era para Descartes, para os materialistas do século XVIII o ser humano era uma máquina. Essa aplicação exclusiva dos parâmetros da mecânica a processos que são de natureza química e orgânica e para os quais as leis mecânicas também se aplicam, mas são postas em segundo plano por outras leis mais elevadas, constitui a limitação específica, inevitável em sua época, do materialismo francês clássico.

A segunda limitação específica desse materialismo consistiu em sua incapacidade de conceber o mundo como um processo, como uma matéria que se encontra em formação histórica contínua. Isso correspondeu ao estado da ciência natural daquele tempo e, em conexão com ele, à maneira metafísica, isto é, antidialética, de filosofar. Já se sabia que a natureza estava em perpétuo movimento. Entretanto, segundo a concepção daquele tempo, esse movimento andava, de modo igualmente perpétuo, em círculos e, por conseguinte, nunca saía do lugar; ele produzia repetidamente os mesmos resultados. Naquela época, essa representação era inevitável. A teoria kantiana da gênese do sistema solar acabara de ser proposta e não passava de mera curiosidade. A história da evolução da Terra, a geologia, ainda era totalmente desconhecida, e a noção de que os seres naturais animados de hoje são resultado de uma longa série evolutiva do simples para o complexo ainda nem podia ser formulada cientificamente naquele tempo. Portanto, a concepção não histórica da natureza era inevitável. Não se pode usá-la como crítica aos filósofos do século XVIII, até porque ela se encontra também em Hegel. Para este, a natureza, na condição de mera "exteriorização" da ideia, não é capaz de evoluir no tempo, e sim apenas de disseminar sua multiplicidade no espaço, de modo que ela exterioriza simultânea e paralelamente todos os estágios evolutivos nela contidos e está condenada à eterna repetição dos mesmos processos. E Hegel põe esse contrassenso de uma evolução no espaço, mas não no tempo – que é a condição básica de toda evolução –, nas costas da natureza justamente no período em que a geologia, a embriologia, a fisiologia vegetal e animal e a química orgânica tomaram forma e em que essas novas ciências serviram de base para o surgimento, em toda parte, de premonições geniais da posterior teoria da evolução (por exemplo, Goethe e Lamarck). Mas o sistema exigia que fosse assim; logo, o método teve de trair a si mesmo por amor ao sistema.

A mesma concepção não histórica vigorava também no campo da história. Neste, a luta contra os resquícios da Idade Média tolhia a visão. A Idade Média era tida como simples interrupção da história pela barbárie milenar generalizada; nada se via dos grandes progressos ocorridos na Idade Média – a ampliação do território cultural europeu, as grandes nações em condições de viver autonomamente que se constituíram ali lado a lado e, por fim, os enormes progressos técnicos dos séculos XIV e XV. Porém, isso inviabilizava uma visão racional da grande interconexão histórica, e a história servia, quando muito, de coletânea de exemplos e ilustrações para uso dos filósofos.

Os mascates vulgarizadores que, na década de 1850, venderam o materialismo de casa em casa na Alemanha de modo nenhum conseguiram superar essa limitação dos seus mestres. Todos os progressos da ciência natural obtidos desde então só lhes serviram de provas adicionais contra a existência do criador do mundo; e, de fato, aprimorar a teoria era algo totalmente estranho à sua atividade. Mesmo que o idealismo não tivesse mais o que dizer e tenha acabado por obra da Revolução de 1848, ele ainda teve a satisfação de constatar que o materialismo momentaneamente estava numa situação ainda mais deplorável. Feuerbach decididamente acertou quando se recusou a assumir a responsabilidade por esse materialismo; só que ele não deveria ter confundido a doutrina dos pregadores itinerantes com o materialismo em geral.

*Ludwig Feuerbach e o fim da filosofia clássica alemã*

Duas coisas precisam ser ditas aqui, no entanto. Em primeiro lugar, durante a vida de Feuerbach a ciência natural ainda estava em um processo intenso de fermentação que só nos últimos quinze anos chegou a uma finalização relativa e aclaradora; foi fornecido material para conhecimento em proporções até agora inauditas, mas só bem recentemente começou a ser possível elaborar a interconexão e, assim, pôr ordem nesse caos de descobertas que se atropelam. É certo que Feuerbach ainda presenciou as três descobertas decisivas – a da célula, a da transformação da energia e a da teoria da evolução, assim denominada por Darwin. Porém, como poderia o filósofo solitário no país ter acompanhado suficientemente a ciência para apreciar plenamente descobertas que os próprios cientistas naturais, naquela época, em parte ainda contestavam e em parte ainda não sabiam como explorar por completo? A culpa recai, nesse caso, exclusivamente sobre as deploráveis condições alemãs, em virtude das quais as cadeiras docentes de filosofia estavam tomadas por casuístas ecléticos entregues aos seus devaneios, enquanto Feuerbach, que era infinitamente superior a eles, foi obrigado a embrutecer-se e embotar o espírito em um pequeno povoado. Portanto, não é culpa de Feuerbach não ter conseguido ter acesso à concepção histórica da natureza que agora se tornou possível e que eliminou todas as unilateralidades do materialismo francês.

Em segundo lugar, Feuerbach tem toda a razão ao dizer que o materialismo meramente científico-natural é o "fundamento do edifício do saber humano, mas não é o próprio edifício". Pois nós não vivemos só na natureza, mas também na sociedade humana, e, tanto quanto a natureza, ela também tem sua história evolutiva e sua ciência. Logo, trata-se de sintonizar a ciência da sociedade, isto é, o suprassumo das assim chamadas ciências históricas e filosóficas, com o fundamento materialista e reconstruir em cima dele. Mas Feuerbach não teve oportunidade de fazer isso. Nesse ponto, apesar do "fundamento", ele permaneceu enredado nos laços idealistas tradicionais e reconhece isso com as seguintes palavras: "Olhando para trás, concordo inteiramente com os materialistas, mas não olhando para a frente". Porém quem não conseguiu mover-se "para a frente" nesse ponto, o do campo social, quem não conseguiu ir além da posição em que esteve em 1840 ou 1844 foi o próprio Feuerbach, e isso, uma vez mais, sobretudo em decorrência de seu isolamento, que o forçou a produzir ideias a partir de sua cabeça solitária – ele que, mais do que todos os outros filósofos, estava predisposto para o intercâmbio no convívio social –, em vez de fazê-lo no encontro amistoso e hostil com outras pessoas do seu calibre. Adiante veremos em detalhes quanto ele permaneceu idealista nesse campo.

Aqui ainda temos de observar apenas que Starcke procura o idealismo de Feuerbach no lugar errado. "Feuerbach é idealista, pois ele acredita no progresso da humanidade". (p. 19) – "Não obstante, o fundamento, o substrato do todo, continua sendo o idealismo. Para nós, o realismo não passa de uma proteção contra descaminhos, enquanto seguimos nossas correntes ideais. Compaixão, amor e entusiasmo pela verdade e pelo direito não são poderes ideais?" (p. VIII).

Em primeiro lugar, aqui idealismo não é senão ir ao encalço de metas ideais. Estas, porém, estão necessariamente ligadas, quando muito, com o idealismo kantiano e seu "imperativo categórico"; mas até Kant denominou sua filosofia "idealismo transcendental", e de modo nenhum o fez por nela se tratar também de ideias morais, e sim por razões bem diferentes, como se lembrará Starcke. A superstição de que o idealismo filosófico gira em torno da crença em ideais morais, isto é, ideais sociais, surgiu fora da filosofia, com o filisteu alemão que aprende de cor nos poemas de Schiller as parcas migalhas de formação filosófica de que necessita. Ninguém criticou mais incisivamente o impotente "imperativo categórico" de Kant – impotente porque exige o impossível e, portanto, jamais chegará a ser algo real –, ninguém escarneceu mais impiedosamente o entusiasmo filisteu por ideais irrealizáveis transmitido por Schiller (ver, por exemplo, a *Fenomenologia do espírito*) do que justamente o idealista consumado Hegel.

Em segundo lugar, todavia, não há como evitar que tudo o que move um ser humano passe por sua cabeça – até comer e beber, que começam devido à sensação de fome e de sede mediada pela cabeça e terminam devido à sensação de saciedade igualmente mediada pela cabeça. As incidências do mundo exterior sobre o ser humano se expressam em sua cabeça, refletem-se nela na forma de sentimentos, pensamentos, impulsos, determinações da vontade, em suma, como "correntes ideais", e, nesse formato, se convertem em "forças ideais". Ora, se a circunstância de que esse ser humano adere a "correntes ideais" de maneira geral e admite que "forças ideais" exercem alguma influência sobre ele – se isso o torna um idealista, então todo ser humano mais ou menos normalmente desenvolvido é um idealista nato; diante disso, como poderia ainda haver materialistas?

Em terceiro lugar, a convicção de que o conjunto da humanidade se move, pelo menos momentaneamente, em um rumo progressista não tem absolutamente nada a ver com o antagonismo entre materialismo e idealismo. Os materialistas franceses se apegavam quase fanaticamente a essa convicção, tanto quanto os deístas[4] Voltaire e Rousseau, oferecendo a ela, demasiadas vezes, enormes sacrifícios pessoais. Se houve alguém que consagrou toda a sua vida ao "entusiasmo pela verdade e pelo direito" – tomando essa fraseologia no bom sentido –, esse foi, por exemplo, Diderot. Portanto, quando declara tudo isso como idealismo, Starcke só prova que a palavra "materialismo" e todo o antagonismo das duas correntes perderam todo e qualquer sentido para ele.

O fato é que aqui Starcke faz uma concessão imperdoável – embora talvez não tenha consciência disso – ao preconceito filisteu decorrente dos longos anos de difamação da denominação "materialismo"

---

[4] Os deístas eram adeptos de uma doutrina filosófico-religiosa que ainda reconhece um deus como criador do mundo, mas nega que ele tenha alguma influência sobre o curso do mundo. Sob as condições dominantes da visão de mundo da Igreja feudal, o deísmo muitas vezes atuou como uma forma dissimulada de materialismo e ateísmo. Nos períodos seguintes, ocultou-se sob a designação "deísmo" a busca dos ideólogos burgueses por conservar e justificar a religião, descartando apenas os dogmas e ritos eclesiásticos mais absurdos e comprometedores. (N. E. A.)

levada a cabo pelos padrecos. O filisteu entende materialismo como comilança, bebedeira, voyeurismo, luxúria carnal e soberba, avidez por dinheiro, sovinice, ganância, busca de lucro e golpes na bolsa de valores, em suma, todos os vícios sórdidos que ele próprio cultiva em segredo, e entende como idealismo a crença na virtude, no amor humano universal e, de modo geral, em um "mundo melhor", coisas que ele enaltece diante dos demais, mas nas quais ele próprio acredita, no máximo, quando tem de curtir a ressaca ou a bancarrota necessariamente decorrentes de seus costumeiros excessos "materialistas" e quando entoa, ademais, a sua canção favorita: "O que é o ser humano – metade animal, metade anjo"[5].

De resto, Starcke se esforça bastante para defender Feuerbach dos ataques e das teses dos docentes que se denominam filósofos e hoje se disseminam pela Alemanha. Isso certamente é importante para quem se interessa por esse dejeto da filosofia clássica alemã; o próprio Starcke deve ter achado necessário fazer isso. Nós pouparemos o leitor dessa parte.

---

[5] O texto da canção de 1796 é de autoria do ourives Joachim Lorenz Evers (1758-1807), de Altona; disponível em: <https://www.volksliederarchiv.de/was-ist-der-mensch/>. (N. T.)

# III

O idealismo efetivo de Feuerbach vem à tona assim que chegamos à sua filosofia da religião e à sua ética. Ele nem pensa em abolir a religião, mas quer consumá-la. A própria filosofia deve se dissolver na religião. "Os períodos da humanidade se diferenciam somente por mudanças religiosas. Um movimento histórico só consegue ganhar chão quando penetra o coração humano. O coração não é uma forma da religião, como se esta devesse estar também no coração; ele é a essência da religião." (*Apud* Starcke, p. 168)

De acordo com Feuerbach, religião é a relação sentimental, a relação cordial entre ser humano e ser humano, que até então buscara sua verdade em um espelhamento fantasioso da realidade – na mediação por um deus ou muitos deuses, que são reflexos fantasiosos de qualidades humanas –, mas agora a encontra diretamente e sem intermediação no amor entre o eu e o tu. E, assim, para Feuerbach, o amor sexual acaba se tornando uma das mais elevadas formas, caso não seja a forma mais elevada, de exercitar a sua nova religião.

Ora, houve relações sentimentais entre humanos, principalmente também entre os dois sexos, desde que eles existem. Especificamente o amor sexual obteve, nos últimos oitocentos anos, um formato e conquistou uma posição que fez dele, durante esse período, o pivô obrigatório de toda poesia. As religiões concretas existentes se limitaram a propiciar a consagração mais elevada da regulação estatal do amor sexual, isto é, a legislação matrimonial, e, se todas elas desaparecerem amanhã, nem a mínima coisa mudará na prática do amor e da amizade. Pois, na França, a religião cristã de fato desapareceu de tal modo no período de 1793 a 1798 que nem mesmo Napoleão conseguiu reintroduzi-la sem relutância e dificuldades, sem que, contudo, naquele meio-tempo, surgisse a necessidade de um substituto no sentido de Feuerbach.

Em Feuerbach, o idealismo consiste não em tomar as relações inter-humanas baseadas na afeição mútua, ou seja, o amor sexual, a amizade, a compaixão, a abnegação etc., simplesmente como aquilo que elas são em si mesmas, sem a memória retroativa a uma religião específica que, também para ele, pertence ao passado, mas em afirmar que essas relações só seriam totalmente válidas no momento em que lhes fosse dada uma consagração mais elevada denominada religião. A questão principal para ele não é que essas relações puramente humanas existam, mas que elas sejam concebidas como a religião nova e verdadeira. Elas seriam tidas como plenamente válidas somente se recebessem um carimbo religioso. O termo "religião" provém de *religare* e, originalmente, significa ligação. Logo, toda ligação entre dois seres humanos é religião. Esses malabarismos etimológicos constituem o último recurso da filosofia idealista. O que vale não é o que a palavra significa após o desenvolvimento histórico do seu uso efetivo, e sim o que ela deveria significar de acordo com sua etimologia. E assim o amor sexual e a união sexual são enaltecidos como "religião", para que não ocorra que a palavra "religião", tão cara à memória idealista, desapareça da língua. Exatamente nesses termos falavam, na década de 1840, os reformistas parisienses da tendência de Louis Blanc, que igualmente só conseguiam imaginar um ser humano sem religião como um monstro e disseram para nós: *"Donc, l'athéisme c'est votre religion!* [Então o ateísmo é a sua religião!"]. A tentativa de Feuerbach de constituir a verdadeira religião sobre a base de uma visão essencialmente materialista da natureza equivale a conceber a química moderna como a verdadeira alquimia. Se a religião pode subsistir sem o seu deus, então a alquimia também pode sem sua pedra filosofal. Aliás, há um vínculo muito estreito entre alquimia e religião. A pedra filosofal possui muitas propriedades similares às divinas, e os alquimistas greco-egípcios dos dois primeiros séculos da nossa contagem do tempo tiveram sua cota de participação na formação da doutrina cristã, como provam os dados divulgados por Kopp e Berthelot.

Decididamente falsa é a afirmação de Feuerbach de que os "períodos da humanidade se diferenciam somente por mudanças religiosas". Grandes pontos de mutação históricos foram acompanhados de mudanças religiosas somente à medida que entram em cogitação as três religiões mundiais que existiram até agora: budismo, cristianismo e islamismo. As antigas religiões tribais e nacionais, que surgiram como que naturalmente, não faziam propaganda e perderam toda a sua resistência assim que a autonomia das tribos e dos povos foi quebrada; no caso dos germanos, bastou o simples contato com o Império Romano em decadência e com a religião mundial cristã, que acabara de ser acolhida por ele e que estava à altura de sua condição econômica, política e ideal. Só depois que surgiram, mais ou menos artificialmente, essas religiões mundiais, sobretudo o cristianismo e o islamismo, constatamos que movimentos históricos mais gerais assumem um cunho religioso e, até no campo do cristianismo, o cunho religioso, de importância realmente universal para revoluções, está restrito aos primeiros estágios da luta de emancipação da burguesia, do século XIII ao século XVII. E esse cunho religioso se explica não a partir do coração do ser humano e de sua necessidade religiosa, como pensa Feuerbach, mas a partir de toda a história prévia medieval, que não dispunha de nenhuma outra forma de ideologia a não ser a religião e a teologia. Porém, quando a burguesia ficou suficientemente forte, no século XVIII, para ter também uma ideologia própria, adequada à sua posição classista, ela fez a sua grande e definitiva revolução, a Revolução Francesa, apelando exclusivamente para ideias jurídicas e políticas, e só se preocupou com a religião na medida em que esta obstruía seu caminho; mas não lhe ocorreu colocar uma nova religião no lugar da antiga; sabemos do fracasso de Robespierre ao tentar fazer isso.

Hoje em dia, a possibilidade do sentimento puramente humano na relação com outros humanos já nos é suficientemente minguada pela sociedade fundada sobre o antagonismo de classes e a dominação classista, na qual temos de nos mover: não temos nenhum motivo para minguá-la ainda mais, alçando esses sentimentos ao céu da religião. E, da mesma forma, a compreensão das grandes lutas de classes havidas na história já está sendo suficientemente obscurecida pela historiografia corrente, em especial na Alemanha, sem que tenhamos necessidade de inviabilizá-la por completo para nós mesmos mediante a transformação dessa história de lutas em mero adendo à história da Igreja. Nesse ponto já fica evidente quanto nos afastamos de Feuerbach na atualidade. Hoje, nem se consegue mais ler suas "mais belas passagens" celebrando essa nova religião do amor.

A única religião que Feuerbach investiga de maneira séria é o cristianismo, a religião mundial do Ocidente, fundada sobre o monoteísmo. Ele demonstra que o deus cristão é apenas o reflexo fantasioso, o espelhamento do ser humano. Entretanto, esse deus mesmo é o produto de um demorado processo de abstração, a quintessência concentrada dos muitos deuses tribais e nacionais dos tempos antigos. E, de modo correspondente, o ser humano, de quem aquele deus é imagem, não é um ser humano real, mas igualmente a quintessência dos muitos seres humanos reais, o ser humano abstrato e, portanto, ele próprio é, por sua vez, uma imagem ideal. O mesmo Feuerbach que, em cada página, prega sensualidade, imersão no concreto, na realidade, torna-se abstrato do começo ao fim assim que passa a falar de uma relação inter-humana que não seja a relação meramente sexual.

Essa relação lhe propicia apenas um aspecto: a moral. E, nesse ponto, voltamos a ficar estupefatos com a surpreendente pobreza de Feuerbach quando comparado a Hegel, cuja ética ou teoria da eticidade é a filosofia do direito, que abrange: 1. o direito abstrato, 2. a moralidade, 3. a eticidade, na qual, por sua vez, estão compreendidas: a família, a sociedade civil, o Estado. Ele é tão idealista na forma quanto realista no conteúdo. Os campos do direito, da economia e da política são abarcados por inteiro aqui ao lado do da moral. Em Feuerbach é justamente o inverso. Ele é realista na forma, tomando o ser humano como ponto de partida; porém, absolutamente não se fala do mundo em que esse ser humano vive e assim ele continua sendo sempre o ser humano abstrato que predominava na filosofia da religião.

É que esse ser humano não nasceu do ventre materno, ele saiu do casulo do deus das religiões monoteístas e, em consequência, tampouco vive em um mundo real, historicamente nascido e historicamente determinado; ele até se relaciona com outros seres humanos, mas cada um desses outros é tão abstrato quanto ele próprio. Na filosofia da religião, ainda tínhamos homem e mulher, mas na ética desaparece até essa última diferença. No entanto, em longos intervalos, Feuerbach escreve sentenças como estas: "Em um palácio se pensa diferente do que num barraco"[1]. "Quando devido à fome e à miséria não tens substância no corpo, tampouco terás substância para a moral na tua cabeça, no teu senso e no coração".[2] "A política deve ser tornar nossa religião."[3] Etc.

Porém Feuerbach não consegue fazer absolutamente nada com essas sentenças; elas permanecem puras figuras de linguagem e até Starcke precisa admitir que a política era um limite intransponível para Feuerbach, e a "teoria da sociedade, a sociologia, era para ele *terra incognita* [terra desconhecida]".

Igualmente raso ele se mostra em confronto com Hegel no tratamento da oposição entre bem e mal. Em Hegel consta que: "Acredita-se estar dizendo grande coisa quando se afirma: o ser humano é bom por natureza; porém, esquece-se que se diz algo muito maior com estas palavras: o ser humano é mau por natureza"[4]. Para Hegel, o mal

---

[1] Ludwig Feuerbach, *Wider den Dualismus von Leib und Seele, Fleisch und Geist* [Contra o dualismo de corpo e alma, carne e espírito]. (N. E. A.)

[2] Idem, *Noth meistert alle Gesetze und hebt sie auf* [A necessidade comanda todas as leis e as revoga]. (N. E. A.)

[3] Idem, *Grundsätze der Philosophie. Nothwendigkeit einer Veränderung* [Fundamentos da filosofia. Necessidade de mudança]. (N. E. A.)

[4] G. W. F. Hegel, *Grundlinien der Philosophie des Rechts* [Linhas fundamentais da filosofia do direito] [ver §18 e §139] e *Vorlesungen über die Philosophie der Religion* [Preleções sobre a filosofia da religião]. (N. E. A.)

é a forma em que se apresenta a força motriz do desenvolvimento histórico. Mais precisamente reside nisso o sentido duplo de que, por um lado, todo progresso novo necessariamente entra em cena como sacrilégio contra um sagrado, como rebelião contra condições antigas, em extinção, mas santificadas pelo costume, e, por outro lado, desde o despontar dos antagonismos de classes, são precisamente as paixões humanas ruins, a ganância e a prepotência, que se tornam alavancas do desenvolvimento histórico, do que, por exemplo, a história do feudalismo e da burguesia constitui a prova cabal e contínua. Nem ocorre a Feuerbach, contudo, examinar o papel histórico do moralmente mau. A história de modo geral é para ele um campo incômodo, inquietante. Até seu enunciado: "O ser humano originariamente oriundo da natureza também era apenas puro ente da natureza, não era humano. O ser humano é produto do ser humano, da cultura, da história"[5], até esse enunciado permanece infecundo para ele.

Diante disso, o que Feuerbach nos comunica sobre moral só pode ser extremamente ralo. O impulso para a felicidade é inato ao ser humano e, em consequência, deve constituir a base de toda moral. Mas o impulso para a felicidade experimenta dois corretivos. Em primeiro lugar, ele é corrigido pelas consequências naturais de nossas ações: da bebedeira decorre a ressaca; do excesso habitual, a enfermidade. Em segundo lugar, pelas consequências sociais: se não respeitarmos o mesmo impulso para a felicidade dos outros, eles resistem e atrapalham o nosso impulso para a felicidade. Disso se segue que, para satisfazer nosso impulso, temos de ser capazes de aquilatar corretamente nossas ações e, em contrapartida, de considerar válida a igualdade de direito ao impulso correspondente nos demais. Autocontenção racional em relação a nós mesmos e amor – sempre o amor! – na relação com os demais são, em consequência, as regras básicas da moral feuerbachiana, das quais derivam todas as outras. Nem as exposições mais

---

[5] Ludwig Feuerbach, *Fragmente zur Charakteristik meines philosophischen Curriculum vitae* [Fragmentos para caracterização do meu *curriculum vitae* filosófico]. (N. E. A.)

inspiradas de Feuerbach nem as mais estrondosas louvações de Starcke são capazes de encobrir o caráter ralo e banal dessas frases.

Só muito excepcionalmente, e nunca de modo vantajoso para ele e outras pessoas, o impulso para a felicidade é satisfeito mediante a ocupação de um ser humano consigo mesmo. Mas ele exige ocupação com o mundo exterior, com os meios de satisfação, ou seja, com alimento, um indivíduo do outro sexo, livros, entretenimento, debate, atividade, objetos de uso e processamento. A moral feuerbachiana pressupõe que esses meios e objetos de satisfação simplesmente estejam dados para cada ser humano, ou então ela apenas lhe dá boas lições impraticáveis, sendo, portanto, sem valor para as pessoas que carecem desses meios. E é o próprio Feuerbach que explica isso com parcas palavras: "Em um palácio se pensa diferente do que num barraco." "Quando devido à fome e miséria não tens substância no corpo, tampouco terás substância para a moral na tua cabeça, no teu senso e no coração."[6]

A coisa melhora quando se trata da igualdade do direito ao impulso para a felicidade de outros? Feuerbach toma essa exigência como absoluta, como válida para todos os tempos e todas as circunstâncias. Mas a partir de quando ela é válida? Alguma vez se falou da igualdade do direito ao impulso para a felicidade na Antiguidade, entre escravos e senhores, ou na Idade Média, entre servos e barões? O impulso para a felicidade da classe oprimida não foi sacrificado sem escrúpulos, e "de direito", ao das classes dominantes? – De fato, é claro que isso foi imoral, mas agora se reconhece a igualdade do direito. – Ele é reconhecido na fraseologia, desde que e porque a burguesia, em sua luta contra a feudalidade e na formação da produção capitalista, foi obrigada a abolir todos os privilégios estamentais, isto é, pessoais, e introduzir primeiro a igualdade de direitos de foro privado e, em seguida e gradativamente, a igualdade de direitos da pessoa no âmbito do direito público, no âmbito jurídico. Porém, o impulso para a felicidade se nutre só minimamente de direitos ideais e, em sua maior parte, de

---

[6] Idem, *Zur Moralphilosophie* [Sobre a filosofia moral]. (N. E. A.)

recursos materiais, e, nesse tocante, a produção capitalista providencia para que, à significativa maioria das pessoas iguais em direitos, caiba apenas o necessário para levar uma vida escassa, praticamente não respeitando, assim, a igualdade do direito ao impulso para a felicidade da maioria, se é que faz isso melhor do que a escravidão ou a servidão. E a coisa melhora quando se trata dos meios intelectuais da felicidade, os recursos para a formação? O "mestre-escola de Sadowa"[7] não é, ele próprio, um personagem mítico?

Há mais, no entanto. De acordo com a teoria moral feuerbachiana, a bolsa de valores é o templo supremo da eticidade – pressupondo que sempre se especule corretamente. Se o meu impulso para a felicidade me leva até a bolsa e ali eu pondero as consequências de minhas ações tão corretamente que elas só me trazem vantagem e nenhuma desvantagem, isto é, se eu ganhar sempre, cumpre-se o preceito de Feuerbach. Ademais, procedendo assim não interfiro no igual impulso para a felicidade de outro, pois o outro chegou até a bolsa tão de livre vontade quanto eu e, ao fechar o negócio especulativo comigo, seguiu o seu impulso para a felicidade tanto quanto eu segui o meu. E, caso ele perca seu dinheiro, isso prova mesmo que sua ação é imoral por ter sido mal calculada, e, ao lhe infligir o merecido castigo, posso até bater orgulhoso no peito como um Radamanto moderno. O amor também governa a bolsa, na medida em que ele não é mera fraseologia sentimental, pois cada qual encontra no outro a satisfação do seu impulso para a felicidade, e é isso que o amor deve realizar e é nisso que ele opera na prática. E, se eu jogar dentro da previsão correta das consequências das minhas operações, ou seja, com êxito, cumprirei

---

[7] Uma alusão corrente da publicística burguesa alemã após a vitória dos prussianos nas cercanias de Sadowa (na guerra entre a Prússia e a Áustria, em 1866). Essa expressão reflete a opinião de que a vitória da Prússia se deveu ao seu sistema escolar vantajoso. Ela se originou da manifestação do redator da revista *Ausland*, Oskar Peschel, em um artigo publicado no nº 29, de 17 de julho de 1866, nessa mesma revista, e intitulado "Die Lehren der jüngsten Kriegsgeschichte" [As lições da história bélica mais recente]. (N. E. A.)

todas as rigorosíssimas exigências da moral feuerbachiana e, de quebra, serei um homem rico. Em outras palavras, a moral de Feuerbach é talhada para a sociedade capitalista atual, por menos que ele queira isso ou suspeite disso.

Mas o amor! – De fato, o amor é, em toda parte, e sempre o deus mágico que Feuerbach pretende que ajude a superar todas as dificuldades da vida prática – e isso em uma sociedade dividida em classes com interesses diametralmente opostos. Logo, desse modo, desapareceu o último vestígio do caráter revolucionário dessa filosofia, e o que permanece é a velha ladainha: amai-vos uns aos outros, abraçai-vos sem distinção de sexo e condição social – a tontice da reconciliação universal!

Pois bem. Com a teoria moral de Feuerbach ocorre o mesmo que com todas as suas antecessoras. Ela é talhada para todas as épocas, todos os povos e todas as condições e, justamente por isso, ela não se aplica a nenhum tempo e a nenhum lugar e permanece diante do mundo real tão impotente quanto o imperativo categórico de Kant. Na realidade, cada classe e até cada categoria profissional tem moral própria e até esta viola quando pode fazê-lo impunemente, e o amor, que deveria unificar tudo, vem à tona em guerras, em contendas, em processos, em desavenças domésticas, no divórcio e no máximo de espoliação possível de uns pelos outros.

Como foi possível, contudo, que o potente impulso dado por Feuerbach resultasse tão infrutífero para ele mesmo? Simplesmente porque Feuerbach não conseguiu encontrar o caminho que leva do reino das abstrações, mortalmente odiado por ele mesmo, até a realidade da vida. Ele se agarra com força à natureza e ao ser humano; mas natureza e ser humano continuam sendo para ele meras palavras. Ele não nos sabe dizer nada determinado nem sobre a natureza real nem sobre o ser humano real. Porém, só se consegue chegar do ser humano abstrato de Feuerbach até aos seres humanos da vida real quando se observa a ação destes na história. Mas Feuerbach resiste a isso e, em consequência, o ano de 1848, que ele não entendeu, significa para ele a ruptura definitiva com o mundo real, a retirada para a solidão. A culpa disso, uma vez mais, é principalmente das condições alemãs que permitiram que ele se degradasse de maneira miserável.

Contudo, o passo que Feuerbach não deu tinha de ser dado; o culto ao ser humano abstrato, que constituiu o núcleo da nova religião de Feuerbach, tinha de ser substituído pela ciência do ser humano real e seu desenvolvimento histórico. Esse desenvolvimento da posição de Feuerbach para além de Feuerbach foi inaugurado em 1845 por Marx em *A sagrada família*.

# IV

Strauss, Bauer, Stirner, Feuerbach foram prolongamentos da filosofia hegeliana, na medida em que não abandonaram o terreno filosófico. Depois de escrever *A vida de Jesus* e a *Dogmática*[1], Strauss só se dedicou mais à beletrística filosófica e histórico-eclesiástica ao estilo de Renan; Bauer realizou algo apenas no campo da história do surgimento do cristianismo, tendo sido algo de fato significativo; Stirner permaneceu uma curiosidade, mesmo depois que Bakunin o amalgamou com Proudhon e batizou esse amálgama de "anarquismo"; Feuerbach foi o único que teve importância como filósofo. Porém, não só a filosofia, a ciência das ciências, que supostamente paira sobre todas as ciências específicas e as sintetiza, permaneceu para ele uma barreira intransponível, um sagrado intocável, senão que também como filósofo ele se deteve a meio caminho, sendo materialista na parte de baixo, idealista na parte de cima; ele não deu conta de fazer a crítica de Hegel, mas simplesmente o descartou como imprestável, ao passo que ele próprio, em comparação com a riqueza enciclopédica do sistema hegeliano, não conseguiu produzir nada de concreto, a não ser uma empolada religião do amor e uma moral rala e impotente.

---

[1] Engels se refere à seguinte obra: David Friedrich Strauss, *Die christliche Glaubenslehre in ihrer geschichtlichen Entwicklung und im Kampfe mit der modernen Wissenschaft* [A doutrina da fé cristã em seu desenvolvimento histórico e em conflito com a ciência moderna], v. 1-2, Tübingen/Stuttgart, 1840-1841; a segunda parte, bem mais abrangente, do livro traz o título: *Der materiale Inbegriff der christlichen Glaubenslehre oder die eigentliche Dogmatik* [A quintessência material da doutrina da fé cristã ou a dogmática propriamente dita]. (N. E. A.)

A dissolução da escola hegeliana, todavia, deu origem a mais uma tendência, a única que realmente deu frutos, e essa tendência está essencialmente vinculada ao nome de Marx*.

A separação da filosofia hegeliana aconteceu, também nesse caso, mediante um retorno à posição materialista. Decidiu-se conceber o mundo real – natureza e história – do modo como ele se apresenta a cada um que se volta para ele, sem esquisitices idealistas preconcebidas; decidiu-se sacrificar impiedosamente toda e qualquer esquisitice idealista que não se coadunasse com os fatos, estes concebidos em seu contexto, não em um contexto fantasioso. Materialismo não significa nada além disso. Só que aqui, pela primeira vez, realmente se levou tão a sério a visão de mundo materialista que ela foi estendida de maneira coerente – pelo menos em suas linhas fundamentais – a todos os campos do saber que entram em cogitação.

Hegel não foi simplesmente posto de lado; pelo contrário, o ponto de partida foi seu lado revolucionário, anteriormente explicitado, ou seja, o método dialético. Mas esse método era imprestável em sua forma hegeliana. Para Hegel, a dialética é o autodesenvolvimento do conceito. O conceito absoluto não só existe desde a eternidade – sem que se saiba onde – como também é a alma vivente propriamente

---

\*  Seja-me permitido fazer aqui um esclarecimento pessoal. Recentemente se fizeram reiteradas alusões à minha cota de participação nessa teoria e, por isso, praticamente não posso me esquivar de dizer as poucas palavras que resolvem esse ponto. Não posso negar que, antes e durante os quarenta anos de cooperação com Marx, tive certa participação autônoma tanto na fundamentação quanto, sobretudo, na elaboração da teoria. Porém, a maior parte das ideias básicas norteadoras, em especial no campo econômico e histórico, e especificamente sua formulação final precisa são de Marx. Marx poderia muito bem ter feito também as coisas que eu aportei – excetuando, quando muito, algumas especialidades muito particulares. Eu não teria conseguido fazer o que Marx realizou. Marx esteve acima, enxergou mais longe, visualizou o panorama mais ampla e mais rapidamente do que todos nós. Marx foi um gênio; nós, quando muito, fomos talentos. Sem ele, a teoria hoje não seria nem de longe o que ela é. E por isso, com toda a razão, ela recebeu seu nome.

dita de todo o mundo existente. Ele se desenvolve em direção a si mesmo por meio de todos os estágios prévios que foram extensamente tratados na *Lógica* e que estão encerrados nele; então ele se "exterioriza", transformando-se na natureza, na qual ele, sem ter consciência de si mesmo, disfarçado de necessidade natural, passa por um novo desenvolvimento e acaba recobrando a autoconsciência no ser humano; essa autoconsciência se empenha, no curso da história, para voltar a sair da crueza até que, por fim, o conceito absoluto retorna completamente a si mesmo na filosofia hegeliana. Portanto, para Hegel, o desenvolvimento dialético que se manifesta na natureza e na história, isto é, a conexão causal do progresso do mais baixo para o mais alto, que se impõe por meio de todos os movimentos de zigue-zague e retrocessos momentâneos, é apenas o decalque do automovimento do conceito que se desenrola desde a eternidade não se sabe onde, mas, em todo caso, independentemente de todo e qualquer cérebro humano pensante. Era preciso eliminar essa inversão ideológica. Voltamos a conceber os conceitos de nossa mente em termos materialistas, como retratos das coisas reais, em vez de conceber as coisas reais como retratos desse ou daquele estágio do conceito absoluto. Assim, a dialética ficou reduzida à ciência das leis universais do movimento, tanto do mundo exterior quanto do pensamento humano – duas séries de leis que, quanto ao tema, são idênticas, mas cuja expressão é distinta, dado que a mente humana é capaz de aplicá-las conscientemente, ao passo que, na natureza e até agora majoritariamente também na história humana, se impõem de modo inconsciente, na forma da necessidade exterior, em meio a uma série infinita de aparentes contingências. Dessa maneira, porém, a própria dialética do conceito se converteu em reflexo consciente do movimento dialético do mundo real e assim a dialética hegeliana foi posta de cabeça para baixo, ou melhor, ela, que estava de cabeça para baixo, foi posta novamente com os pés no chão. E essa dialética materialista, que há anos foi nossa melhor ferramenta de trabalho e nossa arma mais afiada, curiosamente foi redescoberta não só por nós mas também, independentemente de nós e até de Hegel, por um trabalhador alemão chamado Josef Dietzgen*.

Assim o aspecto revolucionário da filosofia hegeliana foi retomado e simultaneamente liberto dos ornatos idealistas que haviam impedido Hegel de levá-lo a termo de modo coerente. A grande ideia fundamental, a de que o mundo deve ser concebido não como um complexo de *coisas* prontas, mas como um complexo de *processos*, nos quais tanto as coisas aparentemente estáveis quanto seus retratos ideais em nossa cabeça, os conceitos, passam por uma mudança ininterrupta na forma de devir e perecer, na qual, em meio a toda aparente contingência e apesar de toda retrocessão momentânea, acaba se impondo um desenvolvimento progressivo – essa grande ideia fundamental, sobretudo desde Hegel, passou a fazer parte da consciência comum de tal modo que, nessa generalidade, praticamente não é mais contestada. Uma coisa, todavia, é reconhecê-la na fraseologia, e outra é efetuá-la em detalhes na realidade em cada campo que vier a ser investigado. Porém, partindo sempre desse ponto de vista na investigação, cessa de uma vez por todas a exigência de soluções definitivas e verdades eternas; sempre se terá consciência da necessária limitação de todo conhecimento adquirido, de seu condicionamento pelas circunstâncias sob as quais ele foi adquirido; mas tampouco nos deixamos impressionar pelos antagonismos insuperáveis de verdadeiro e falso, bom e ruim, idêntico e diferente, necessário e contingente, próprios da velha metafísica ainda corrente. Sabemos que esses antagonismos possuem validade apenas relativa, que aquilo que agora se conhece como verdadeiro possui seu lado falso oculto, que mais tarde aparecerá, do mesmo modo que aquilo que agora se conhece como falso tem seu lado verdadeiro, em virtude do qual anteriormente era tido como verdadeiro, que aquilo que se afirma como necessário é composto de puras contingências e que o supostamente contingente é a forma atrás da qual se esconde a necessidade – e assim por diante.

---

\* Ver *Das Wesen der Kopfarbeit, von einem Handarbeiter* [A natureza do trabalho intelectual, por um trabalhador manual], Hamburgo, Meissner. (N. E. A.)

O velho método de investigação e pensamento, que Hegel denomina "metafísico", que se ocupava preferencialmente da investigação das *coisas* como acervos fixos já constituídos e cujos resquícios ainda assombram fortemente as cabeças, teve, a seu tempo, uma forte razão histórica de existir. Foi preciso investigar primeiro as coisas, antes que se pudessem investigar os processos. Foi preciso saber primeiro o que era uma coisa qualquer, antes que se pudessem perceber as mudanças que ocorriam com ela. E assim foi na ciência natural. A velha metafísica, que assumia as coisas como prontas, surgiu de uma ciência natural que investigou as coisas inanimadas e animadas como coisas prontas. Tendo essa investigação, porém, avançado a ponto de possibilitar o progresso decisivo, a saber, a passagem para a investigação sistemática das mudanças que ocorriam com as coisas na natureza mesma, soou a hora da morte da velha metafísica também no campo filosófico. E, de fato, se até o final do século passado a ciência natural foi preponderantemente ciência *coletora*, ciência das coisas prontas, no nosso século ela é essencialmente ciência *ordenadora*, ciência dos processos, ciência da origem e do desenvolvimento dessas coisas e do nexo que vincula esses processos naturais em uma grande totalidade. A fisiologia, que investiga esses processos no organismo vegetal e animal, a embriologia, que trata do desenvolvimento do organismo individual do embrião até a maturidade, a geologia, que acompanha a formação gradativa da superfície terrestre, são, todas elas, nascidas no nosso século.

No entanto, trata-se sobretudo de três grandes descobertas que fizeram que o nosso conhecimento da interconexão dos processos naturais avançasse a passos de gigante: a primeira foi a descoberta da célula como a unidade, cuja multiplicação e diferenciação levam todos os corpos vegetais e animais a se desenvolverem, de modo que não só se soube que o desenvolvimento e o crescimento de todos os organismos superiores se dá de acordo com uma única lei universal mas também que, na capacidade de transformação da célula, foi indicado o caminho pelo qual os organismos modificam sua espécie e, assim, podem passar por um desenvolvimento que vai além do individual. – Em segundo lugar, a transformação da energia, mediante a qual nos foi demonstrado que todas as assim chamadas energias, atuantes em primeira linha na natureza inorgânica, ou seja, a energia mecânica e seu complemento, a assim chamada energia potencial, o calor, a radiação (luz ou então o calor radiante), a eletricidade, o magnetismo, a energia química, são distintas formas de manifestação do movimento universal que, em determinadas proporções, se transformam uma na outra, de tal maneira que, para compensar a quantidade de uma que desaparece, reaparece certa quantidade de outra, de modo que todo o movimento da natureza se reduz a esse incessante processo de transformação de uma forma [de energia] na outra. – Por fim, é a prova, desenvolvida em seu conjunto primeiro por Darwin, de que o acervo de produtos orgânicos da natureza que hoje nos rodeia, incluindo os humanos, é resultado de um longo processo de desenvolvimento a partir de poucos embriões unicelulares e de que estes, por sua vez, provieram do protoplasma ou da albumina surgidos pela via química.

Graças a essas três descobertas e aos demais enormes progressos da ciência natural, estamos em condições de demonstrar em grandes traços o nexo entre os processos na natureza não só no interior dos campos individuais como também entre os campos individuais e assim apresentar um quadro claro e compreensível do nexo natural em um formato aproximadamente sistemático, mediante os fatos fornecidos pela própria ciência natural empírica. Fornecer esse quadro era outrora tarefa da assim chamada filosofia da natureza. Ela só conseguia fazer isso substituindo os nexos reais ainda desconhecidos por nexos ideais, fantasiosos, substituindo os fatos faltantes por imagens do pensamento, preenchendo as lacunas reais com a mera imaginação. Ao proceder assim, ela teve algumas ideias geniais, pressentiu algumas descobertas posteriores, mas também trouxe à tona uma considerável quantidade de absurdos, como não poderia deixar de ser. Hoje, quando basta compreender os resultados da pesquisa da natureza dialeticamente, isto é, no sentido do seu nexo, para chegar a um "sistema da natureza" que satisfaça o nosso tempo, quando o caráter dialético desse nexo se impõe até às mentes escoladas na metafísica dos pesquisadores da natureza, contra a vontade delas, hoje a filosofia da natureza foi definitivamente eliminada. Toda tentativa de reanimá-la não seria só supérflua, *seria também um retrocesso.*

Porém, o que vale para a natureza, que assim também é conhecida como um processo histórico de desenvolvimento, vale para todos os ramos da história da sociedade e para a totalidade das ciências que se ocupam de coisas humanas (e divinas). Também nesse caso a filosofia da história, do direito, da religião etc. consistiu em que, no lugar do nexo real a ser demonstrado nos acontecimentos, foi posto um nexo estabelecido dentro da cabeça do filósofo, em que a história, tanto em seu todo quanto em suas partes, foi concebida como a realização gradativa de ideias, e, naturalmente, sempre só das ideias preferidas do próprio filósofo. De acordo com isso, a história operava inconscientemente, mas por necessidade, visando a certa meta ideal estabelecida de antemão, como, por exemplo, em Hegel, visando à realização de sua ideia absoluta, e essa orientação inamovível rumo a essa ideia absoluta constituiu o nexo interno dos acontecimentos históricos. Logo, o nexo real, ainda desconhecido, foi substituído por uma nova providência misteriosa – inconsciente ou gradativamente tomando consciência. Nesse caso, o que importava era, portanto, exatamente como foi feito no campo da natureza, eliminar, por intermédio da descoberta dos nexos reais, esses nexos artificiais estabelecidos; essa tarefa acaba desembocando em descobrir as leis universais do movimento que se impõem como leis dominantes na história da sociedade humana.

Mas acontece que, em um ponto, a história do desenvolvimento da sociedade mostra ser de um tipo bem diferente do da história da natureza. Na natureza – na medida em que desconsiderarmos as incidências dos humanos sobre a natureza –, trata-se exclusivamente de agências cegas e inconscientes que interagem umas com as outras e em cuja interação entra em vigor a lei universal. De tudo o que acontece – seja das inúmeras casualidades aparentes que se tornam visíveis na superfície, seja dos resultados finais que comprovam a legalidade dessas casualidades –, nada acontece como finalidade da vontade consciente. Na história da sociedade, em contraposição, os agentes são exclusivamente humanos dotados de consciência, que agem com ponderação ou paixão, operando em vista de determinadas finalidades; nada acontece sem intenção consciente, sem uma meta que se busca por vontade. Entretanto, por mais importante que seja essa diferença para a investigação histórica, principalmente de épocas e ocorrências individuais, nada muda no fato de que o curso da história é regido por leis universais internas. Pois, também no tocante a isso, o acaso aparentemente predomina na superfície do conjunto, a despeito dos fins buscados por vontade de todos os indivíduos. É raro acontecer o que se quer; na maioria dos casos, os muitos fins buscados por vontade se anulam e entram em conflito, ou esses fins são inexequíveis desde o começo, ou os meios são insuficientes. Assim, os embates das inúmeras vontades e ações individuais no terreno histórico acabam produzindo um estado de coisas que é inteiramente análogo ao que predomina na natureza inconsciente. Os fins das ações são queridos, mas os resultados que realmente decorrem das ações não o são, ou, na medida em que, num primeiro momento, não obstante parecem corresponder ao fim que se quer, eles trazem consequências bem diferentes do que se queria. Os acontecimentos históricos parecem, assim, de modo geral, igualmente regidos pela casualidade. Porém, quando faz o seu jogo na superfície, o acaso sempre é impulsionado pelas leis interiores ocultas, e a única coisa que importa é descobrir essas leis.

Os humanos fazem sua história, como quer que ela resulte, tendo em vista que cada qual busca os próprios fins conscientemente desejados, e a resultante dessas muitas vontades que atuam em diversas direções e suas múltiplas incidências no mundo exterior é precisamente a história. Portanto, também importa o que esses muitos indivíduos querem. A vontade é determinada por paixão ou ponderação. Mas as alavancas que, por seu turno, determinam diretamente a paixão ou a ponderação são de tipos muito distintos. Em parte, pode-se tratar de objetos exteriores; em parte, de motivações ideais, ambição, "entusiasmo pela verdade e pelo direito", ódio pessoal ou caprichos puramente individuais de todo tipo. Por um lado, contudo, vimos que as muitas vontades individuais atuantes na história, na maioria das vezes, produzem resultados diferentes dos que elas queriam – muitas vezes até opostos –, tendo suas motivações, por conseguinte, uma importância apenas secundária para o resultado global. Por outro lado, é de se perguntar, ademais: que forças motrizes se encontram, por seu turno, por trás dessas motivações? Quais são as causas históricas que se transformam em tais motivações na cabeça dos agentes?

O velho materialismo nunca se dispôs a considerar essa questão. Em consequência, sua concepção de história, na medida em que possui uma, também é essencialmente pragmática, julgando tudo segundo os motivos da ação, subdividindo os humanos historicamente atuantes em nobres e não nobres e descobrindo, então, via de regra, que os nobres são os defraudados, e os não nobres, os vencedores. Disso se conclui, então, para o velho materialismo, que do estudo da história não se extrai muita coisa edificante, e para nós resulta que, no terreno histórico, o velho materialismo se torna infiel a si mesmo, porque aceita as forças motrizes ideais nele atuantes como causas últimas, em vez de investigar o que estaria por trás delas, quais seriam as forças motrizes dessas forças motrizes. A incoerência não reside em reconhecer as forças motrizes *ideais*, mas em que, a partir dessas, não se continua recuando até chegar às causas que as movem. A filosofia da história, em contraposição, no modo como ela é representada principalmente por Hegel, reconhece que as motivações ostentadas e também as realmente eficazes dos humanos historicamente atuantes de modo nenhum são as causas últimas dos acontecimentos históricos, que por trás dessas motivações se encontram também outras forças propulsoras que devem ser investigadas; ela não busca, porém, esses poderes na própria história, antes os importa de fora, da ideologia filosófica para dentro da história. Em vez de explicar a história da Grécia antiga a partir do nexo interno que lhe é próprio, Hegel afirma, por exemplo, simplesmente que ela não passaria de uma elaboração das "formações da individualidade bela", da realização da "obra de arte"[2] como tal. Nessa ocasião, ele diz muita coisa bonita e profunda sobre os antigos gregos, mas isso não impede que hoje não nos demos mais por satisfeitos com uma explicação que é mera maneira de falar.

Portanto, quando se trata de investigar as forças propulsoras que – consciente ou inconscientemente e, com bastante frequência, inconscientemente – estão por trás das motivações dos humanos historicamente atuantes e que constituem as forças motrizes últimas propriamente ditas da história, não se trata tanto das motivações presentes em seres humanos individuais, por mais eminentes que sejam, mas mais daquelas que põem grandes massas, povos inteiros e, em cada povo, classes inteiras desse povo em movimento; e não as que fazem isso momentaneamente como um fogo de palha que se levanta de súbito, logo passa e depressa se extingue, mas as que se convertem em ação duradoura, que desemboca em uma grande transformação histórica. Sondar as causas propulsoras que se refletem de modo claro ou obscuro, de forma direta ou ideológica, e até de forma glorificada, na cabeça das massas atuantes e de suas lideranças – dos assim chamados grandes homens – como motivações conscientes – este é o único caminho que nos pode levar a encontrar o rastro das leis que regem a história tanto em seu conjunto quanto em cada um dos períodos e países. Tudo que põe os seres humanos em movimento tem de passar por sua cabeça, mas o formato que isso assume dentro dessa cabeça depende muito das circunstâncias. Os trabalhadores de modo nenhum se reconciliaram com a empresa capitalista mecanizada só porque não estão mais simplesmente quebrando as máquinas como faziam ainda em 1848 no Reno.

Enquanto em todos os períodos anteriores, contudo, a pesquisa dessas causas propulsoras da história era quase impossível – por

---

[2] G. W. F. Hegel, *Vorlesungen über die Philosophie der Geschichte* [Preleções sobre a filosofia da história]. (N. E. A.)

causa dos nexos complicados e encobertos e de sua repercussão –, o período atual, que é o nosso, conseguiu simplificar esses nexos a tal ponto que o enigma pode ser solucionado. Desde a implantação da grande indústria, ou seja, pelo menos desde a paz europeia de 1815, não é mais segredo para ninguém na Inglaterra que ali toda a luta política girava em torno das pretensões de dominação de duas classes, a saber, a aristocracia possuidora de terras (*landed aristocracy*) e a burguesia (*middle class*). Na França, com o retorno dos Bourbon ao poder, o mesmo fato assomou à consciência; os historiadores da época da restauração, de Thierry até Guizot, Mignet e Thiers, articulam esse fato em toda parte como a chave para compreender a história francesa a partir da Idade Média. E, a partir de 1830, foi reconhecido o terceiro contendor pelo domínio nos dois países, a saber, a classe trabalhadora, o proletariado. As relações tinham se simplificado a tal ponto que era preciso cerrar os olhos intencionalmente para não ver a luta dessas três grandes classes e o conflito de seus interesses como a força motriz da história moderna – pelo menos nos dois países mais avançados.

Como, porém, haviam surgido essas classes? Enquanto à primeira vista ainda se podia atribuir a origem da grande propriedade fundiária, outrora feudal, a causas – pelo menos num primeiro momento – políticas, à tomada de posse pela violência, no caso da burguesia e do proletariado não havia mais como fazer isso. Nesse caso, a origem e o desenvolvimento de duas grandes classes a partir de causas puramente econômicas estavam claros e palpavelmente manifestos. E estava igualmente claro que, na luta entre propriedade fundiária e burguesia, tanto quanto na luta entre burguesia e proletariado, se tratava em primeira linha de interesses econômicos, a cuja execução o poder político deveria servir como mero meio. Ambos, burguesia e proletariado, tinham surgido em consequência de uma mudança nas relações econômicas, mais exatamente, no modo de produção. A passagem, primeiro, do artesanato corporativo para a manufatura e depois, da manufatura para a grande indústria movida a vapor e máquinas havia desenvolvido essas duas classes. Em certo estágio, as novas forças produtivas postas em movimento pela burguesia – primeiro a divisão do trabalho e a união de muitos trabalhadores parciais em uma manufatura global – e as condições e necessidades de troca por elas desenvolvidas tornaram-se incompatíveis com a ordem produtiva vigente, historicamente transmitida e legalmente santificada, isto é, com os privilégios corporativos e com os inúmeros outros privilégios pessoais e locais (que para os estamentos não privilegiados representavam as amarras em igual número) da constituição da sociedade feudal. As forças produtivas, representadas pela burguesia, rebelaram-se contra a ordem produtiva, representada pelos proprietários de terra feudais e pelos mestres de corporações; o resultado é conhecido: as amarras feudais foram destruídas, na Inglaterra aos poucos, na França de um só golpe; na Alemanha isso ainda não foi concluído. No entanto, do mesmo modo que a manufatura entrou em conflito com a ordem produtiva feudal em determinada etapa de desenvolvimento, agora a grande indústria já entrou em conflito com a ordem produtiva burguesa que ocupou o lugar daquela. Comprometida com essa ordem, pelos estreitos limites do modo de produção capitalista, ela produz, de um lado, uma proletarização crescente de toda a grande massa popular e, de outro, uma massa cada vez maior de produtos invendíveis. Superprodução e miséria das massas, que são a causa uma da outra, constituem a contradição absurda em que ele [o modo de produção capitalista] deságua e necessariamente exige um desencadeamento das forças produtivas pela mudança do modo de produção.

Pelo menos na história moderna, está provado, portanto, que todas as lutas políticas são lutas de classes e que todas as lutas de classes por emancipação, apesar de sua forma necessariamente política – pois toda luta de classes é uma luta política – giram, em última análise, em torno da emancipação *econômica*. Pelo menos nesse ponto, portanto, o Estado, a ordem política, é o elemento subordinado, ao passo que a sociedade civil, o reino das relações econômicas, é o decisivo. A visão tradicional, acatada também por

Hegel, via o Estado como o elemento determinante e a sociedade civil como o elemento determinado por ele. A aparência corresponde a isso. Da mesma maneira que, no ser humano individual, todas as forças motrizes de suas ações têm de passar pela sua cabeça, têm de se transformar em motivações de sua vontade, para levá-lo a agir, também todas as necessidades da sociedade civil – não importando que classe está no poder naquele momento – têm de passar pela vontade do Estado para obter validade geral na forma de leis. Esse é o aspecto formal da coisa que se entende por óbvio; é de se perguntar, todavia, que conteúdo tem essa vontade apenas formal – tanto do indivíduo quanto do Estado – e de onde vem esse conteúdo, por que se quer justamente isso e não outra coisa. E, quando perguntamos isso, descobrimos que, na história moderna, a vontade do Estado, de modo geral, é determinada pelas necessidades alternantes da sociedade burguesa, pela supremacia desta ou daquela classe, em última instância, pelo desenvolvimento das forças produtivas e das relações de troca.

Porém, se já em nossos tempos modernos, com seus gigantescos meios de produção e de transporte, o Estado não é um campo autônomo com desenvolvimento autônomo, mas tanto a sua existência quanto seu desenvolvimento devem ser explicados, em última instância, a partir das condições econômicas da vida da sociedade, isso deve valer muito mais para todas as épocas anteriores, nas quais a produção da vida material dos seres humanos ainda não era efetuada com esses profusos recursos auxiliares, ou seja, nas quais a necessidade dessa produção tinha de gerar uma dominação ainda maior sobre os seres humanos. Se ainda hoje, na época da grande indústria e das ferrovias, o Estado é, em grande parte, apenas o reflexo, em formato sintetizado, das necessidades econômicas da classe que domina a produção, ele necessariamente era isso tanto mais em uma época em que uma geração humana tinha de gastar uma parcela muito maior da totalidade do seu tempo de vida para satisfazer suas necessidades materiais e, em consequência, era bem mais dependente delas do que somos hoje. A investigação da história de épocas mais antigas confirma isso de modo abundante assim que aborda seriamente esse aspecto; porém, é óbvio que isso não poderá ser tratado aqui.

Sendo o Estado e o direito público determinados pelas relações econômicas, o mesmo obviamente se dá com o direito privado, pois este sanciona essencialmente só as relações econômicas entre os indivíduos, vigentes e normais sob as circunstâncias dadas. Mas a forma como isso acontece pode ser muito diversificada. Pode-se, como ocorreu na Inglaterra em consonância com todo o desenvolvimento nacional, manter em grande parte as formas do antigo direito feudal e conferir-lhes um conteúdo burguês e inclusive imputar à designação feudal diretamente um sentido burguês; mas também se pode, como ocorreu na Europa continental ocidental, usar como base o primeiro direito mundial de uma sociedade produtora de mercadorias, a sociedade romana, com sua elaboração insuperavelmente precisa de todas as relações legais essenciais entre simples possuidores de mercadorias (compradores e vendedores, credores e devedores, contrato, obrigação etc.). Nesse caso, para proveito e enlevo de uma sociedade ainda pequeno-burguesa e semifeudal, pode-se simplesmente rebaixá-lo mediante a prática judicial ao nível dessa sociedade (direito comum), ou então, com o auxílio de juristas moralizantes, supostamente esclarecidos, processá-lo em um código legal à parte, correspondente a esse estado social, um código que, sob essas circunstâncias, também será juridicamente ruim (*Landrecht* prussiano); porém, pode-se também, após uma grande revolução burguesa, com base justamente nesse direito romano, elaborar um código legal tão clássico da sociedade burguesa quanto o *Code civil* francês. Portanto, quando as determinações legais burguesas expressam apenas as condições econômicas da vida social em formato legal, isso pode, dependendo das circunstâncias, ser bem ou malfeito.

No Estado se apresenta a nós a primeira potência ideológica acima do ser humano. A sociedade cria para si um órgão para preservar seus interesses comuns diante de ataques internos e externos. Esse órgão é o poder estatal. Mal surgira, esse órgão já se autonomizou da sociedade, e isso tanto mais quanto mais ele se torna órgão de determinada classe para impor diretamente o domínio dessa classe. A luta da classe oprimida contra a classe dominante se torna necessariamente uma luta política, uma luta primeiro contra o domínio político dessa classe; a consciência da conexão dessa luta política com seu substrato econômico pode ficar embotada e se perder por completo. Isso nem sempre ocorre entre os envolvidos, mas ocorre quase sempre entre os historiadores. Dentre as fontes antigas sobre as lutas no interior da república romana, Apiano é o único a nos dizer com toda a clareza de que afinal se tratava, ou seja, da propriedade fundiária.

O Estado, todavia, tendo-se tornado um poder autônomo em relação à sociedade, de imediato gera outra ideologia. Pois entre os políticos profissionais, entre os teóricos do direito público e os juristas do direito privado perde-se de vez a conexão com os fatos econômicos. Em cada caso individual, os fatos econômicos têm de assumir a forma de motivos jurídicos para serem sancionados na forma da lei e, quando se faz isso, obviamente é preciso levar em conta todo o sistema legal já vigente; por essa razão, agora se pretende que a forma jurídica seja tudo, e o conteúdo econômico, nada. Direito público e direito privado são tratados como campos autônomos, que têm seu desenvolvimento histórico autônomo, que são passíveis e carecem de uma exposição sistemática mediante a erradicação coerente de todas as contradições internas.

Ideologias ainda mais elevadas, isto é, que se afastam ainda mais da base material, econômica, assumem a forma de filosofia e religião. Nestas, a conexão das representações com suas condições materiais de existência se torna cada vez mais complexa, é cada vez mais obscurecida por segmentos intermediários. Mas ela existe. Da mesma maneira que todo o período da Renascença, a partir de meados do século XV, foi produto essencial das cidades e, por conseguinte, da burguesia, também o foi a filosofia reavivada desde então; seu conteúdo foi essencialmente a expressão filosófica das ideias que correspondem ao desenvolvimento da pequena e da média burguesia até se tornar a grande burguesia. No caso dos ingleses e franceses do século passado, que muitas vezes eram tanto economistas políticos quanto filósofos, isso se destaca de maneira nítida e, no caso da escola hegeliana, demonstramos isso anteriormente.

Entretanto, abordemos ainda de forma sucinta a religião, porque ela é a ideologia que se encontra mais distante da vida material e parece ser a mais estranha a ela. A religião teve origem em um tempo bem primitivo, selvático, a partir de representações equivocadas, selváticas, dos humanos a respeito de sua natureza e da natureza exterior que os circundava. Porém, toda ideologia, uma vez existente, vai se desenvolvendo em conexão com o material representacional dado; se não fosse assim, ela não seria ideologia, isto é, ocupação com ideias como entidades autônomas, que se desenvolvem independentemente, sujeitas apenas às leis que lhes são próprias. Essas pessoas necessariamente permanecem inconscientes do fato de que as condições materiais de vida dos seres humanos, em cuja cabeça se dá esse processo ideal, acabam determinando o decurso desse processo, pois, se não fosse assim, seria o fim de toda ideologia. Logo, essas representações religiosas originárias, que em geral são comuns a todo grupo populacional aparentado, desenvolvem-se de maneira singular em cada povo após a separação do grupo original, dependendo das condições de vida com que foi brindado, e esse processo foi comprovado em detalhes para uma série de grupos populacionais, principalmente para os arianos (os assim chamados indo-europeus), pela mitologia comparativa. Os deuses assim elaborados em cada povo eram deuses nacionais, cujo reino não ia além do território nacional que eles deviam proteger, e, além dessas fronteiras, havia outros deuses no comando. Eles só podiam continuar existindo na representação enquanto a nação subsistisse; se esta caísse, eles também cairiam. O ocaso das antigas nacionalidades foi trazido pelo Império Romano, sendo que não podemos examinar aqui as condições econômicas do seu surgimento. Os velhos deuses nacionais decaíram, incluindo os deuses romanos, que precisamente estavam talhados apenas para o círculo estrito da cidade de Roma; a necessidade de complementar o império mundial com uma religião mundial aparece claramente nas tentativas de prover reconhecimento e altares para todos os deuses de algum modo respeitáveis ao lado dos deuses nativos em Roma. Não é desse jeito, porém, por meio de decretos imperiais, que se faz uma religião mundial. A nova religião mundial, o cristianismo, já havia surgido de maneira silente de uma mescla de teologia oriental generalizada, sobretudo judaica, e filosofia grega vulgarizada, principalmente estoica. É preciso que investiguemos de novo com muito esmero a sua aparência original, dado que sua forma oficial transmitida a nós já é a de uma religião estatal que foi adaptada a essa finalidade pelo Concílio de Niceia[3]. Basta. O fato de ela ter-se tornado religião do Estado já depois de 250 anos prova que se tratava de uma religião que correspondia às circunstâncias da época. Na Idade Média, na medida exata em que o feudalismo se desenvolveu, ela foi se constituindo como religião correspondente a ele, inclusive com a hierarquia feudal correspondente. E, quando surgiu a burguesia, desenvolveu-se, em contraposição ao catolicismo feudal, a heresia protestante, primeiro no sul da França entre os albigenses[4], na época de maior florescimento das cidades daquela região. A Idade Média anexou à teologia as demais formas da ideologia: filosofia, política e jurisprudência, convertendo-as em subseções da teologia. Desse modo, ela obrigou todo movimento social e político a assumir uma forma teológica; os ânimos

---

[3] O Concílio de Niceia foi o primeiro concílio mundial da igreja cristã do Império Romano convocado pelo imperador Constantino I no ano de 325 para Niceia (cidade da Ásia Menor). O concílio elaborou um símbolo de fé obrigatório para todos os cristãos (teses fundamentais da confissão de fé da igreja ortodoxa), cuja não aceitação era punida como crime de lesa-pátria. (N. E. A.)

[4] Os albigenses foram uma seita religiosa muito disseminada durante os séculos XII e XIII no sul da França e no norte da Itália. Seu foco era a cidade de Albi, no sul da França. Ao se voltarem contra os usos católicos pomposos e contra a hierarquia eclesiástica, os albigenses deram voz, em formato religioso, ao protesto da população citadina, que se ocupava com o comércio e o artesanato, contra o feudalismo. Eles tiveram a adesão de uma parte da nobreza do sul da França, que queria secularizar as terras da Igreja. Em 1209, o papa Inocêncio III organizou uma cruzada contra os albigenses. O movimento foi derrotado após vinte anos de guerra e pela aplicação de cruéis represálias. (N. E. A.)

das massas, alimentados exclusivamente com religião, precisavam ser confrontados com os próprios interesses em roupagem religiosa para que se gerasse uma grande tempestade. E, como a burguesia produziu desde o início um apêndice de plebeus, diaristas e serviçais citadinos que não pertenciam a nenhum estamento reconhecido, precursores do posterior proletariado, bem cedo a heresia também já se subdividiu em uma heresia burguesa moderada e uma plebeia revolucionária, que era abominada também pelos hereges burgueses.

A inextinguibilidade da heresia protestante correspondeu à invencibilidade da burguesia ascendente; quando essa burguesia se sentiu suficientemente fortalecida, a sua luta contra a nobreza feudal, que até aquele momento era predominantemente local, começou a assumir dimensões nacionais. A primeira grande ação teve lugar na Alemanha – a assim chamada Reforma. A burguesia ainda não estava suficientemente forte nem desenvolvida para conseguir unificar sob sua bandeira os demais estamentos rebeldes – os plebeus das cidades, a baixa nobreza e os camponeses no interior. A nobreza foi derrotada primeiro; os camponeses se levantaram em uma revolta que constitui a culminância de todo esse movimento revolucionário; as cidades os abandonaram e assim a revolução sucumbiu aos exércitos dos príncipes provinciais que colheram todos os louros da vitória. A partir daí a Alemanha desaparece por três séculos das fileiras dos países que interferiram autonomamente na história. Porém, ao lado do alemão Lutero estivera o francês Calvino; com incisividade autenticamente francesa ele colocou em primeiro plano o caráter burguês da Reforma, republicanizando e democratizando a igreja. Enquanto na Alemanha a Reforma luterana afundou e destruiu a própria Alemanha, a Reforma calvinista serviu de estandarte aos republicanos em Genebra, na Holanda, na Escócia, tornando a Holanda independente da Espanha e do império alemão, e forneceu o traje ideológico para o segundo ato da revolução burguesa que se desenrolava na Inglaterra. Ali o calvinismo se comprovou como o autêntico disfarce religioso dos interesses da burguesia daquela época e, por essa razão, não foi plenamente reconhecido quando a revolução de 1689 foi consumada mediante acordo de uma parte da nobreza com os burgueses[5]. A igreja estatal inglesa foi restabelecida, mas não em seu formato anterior, como catolicismo, tendo o rei como papa, mas foi fortemente calvinizada. A antiga igreja estatal celebrara o alegre domingo católico e combatera o tedioso domingo calvinista, a nova igreja aburguesada introduziu este e ele continua embelezando a Inglaterra até hoje.

Na França, a minoria calvinista foi reprimida, catolizada ou escorraçada em 1685[6]; mas de que adiantou? Já naquela época, o livre-pensador Pierre Bayle estava em atividade e, em 1694, nasceu Voltaire. A medida violenta de Luís XIV apenas facilitou à burguesia francesa fazer sua revolução na forma exclusivamente política e irreligiosa, a única adequada à burguesia desenvolvida. Em vez de protestantes, foram livres-pensadores que ocuparam cadeiras nas Assembleias Nacionais. Por essa via, o cristianismo tinha chegado ao seu último estágio. Ele tinha se tornado incapaz de, dali por diante, servir a qualquer classe progressista como roupagem ideológica de suas aspirações; cada vez mais ele se tornou posse exclusiva das classes dominantes, e estas o utilizam como simples meio de governo para conter as classes subalternas. Isso levou a que cada uma das diferentes classes utilizasse a religião que lhe correspondia mais propriamente: os nobres rurais proprietários de terra se valeram do jesuitismo católico ou da ortodoxia protestante; os burgueses liberais e radicais, do racionalismo, sendo

---

[5] A assim chamada Revolução Gloriosa, que levou à deposição de Jacó II Stuart, em 1688. Em 1689, o procurador da Holanda, Guilherme de Orange, foi proclamado rei Guilherme III da Inglaterra. A partir desse momento, consolidou-se a monarquia constitucional na Inglaterra, baseada em um acordo entre a burguesia e o latifúndio. (N. E. A.)

[6] O Edito de Nantes fora aprovado em 1598, assegurando aos huguenotes (calvinistas franceses) direito igual de cidadania e garantindo seus direitos políticos e eclesiais especiais; com sua revogação, em 1685, Luís XIV coroou as perseguições políticas e religiosas aos huguenotes, que se tinham tornado cada vez mais violentas a partir da década de 1820. Em razão da revogação do Edito de Nantes, centenas de milhares de huguenotes emigraram da França. (N. E. A.)

que não fazia a menor diferença se os próprios senhores acreditavam ou não em suas respectivas religiões.

Vemos, portanto: a religião, uma vez constituída, sempre contém um material tradicional, pois de fato, em todos os campos ideológicos, a tradição é um grande poder conservador. Porém, as transformações que se dão com esse material decorrem das relações de classe e, portanto, das relações econômicas das pessoas que empreendem essas transformações. E isso é suficiente por ora.

Este texto não pode ser mais do que um esboço geral da concepção histórica marxiana com, no máximo, algumas ilustrações. A prova tem de ser apresentada com base na própria história, e, quanto a isso, certamente posso afirmar que ela já foi suficientemente exposta em outros escritos. Essa concepção, no entanto, põe fim à filosofia no âmbito da história, tanto quanto a concepção dialética da natureza torna tão desnecessária quanto impossível toda filosofia da natureza. Em toda parte, não se trata mais de idear nexos dentro da cabeça, mas se trata de descobri-los nos fatos. Então, para a filosofia, expulsa da natureza e da história, só resta o reino do puro pensamento, na medida em que ainda restam: a teoria das leis do próprio processo de pensamento, a lógica e a dialética.

\* \* \*

Com a Revolução de 1848 a Alemanha "culta" dispensou a teoria e passou para o terreno da prática. A pequena indústria baseada no trabalho manual e a manufatura foram substituídas por uma grande indústria efetiva; a Alemanha voltou a marcar presença no mercado mundial; o pequeno império alemão[7] eliminou pelo menos as anomalias mais gritantes que o sistema de pequenos estados, os resquícios do feudalismo e a economia burocrática tinham posto no caminho desse

---

[7] O império alemão surgido em 1871 sob a hegemonia da Prússia, sem a presença da Áustria. (N. E. A.)

desenvolvimento. Porém, na mesma proporção em que a especulação se retirou das salas de estudo filosófico para erigir seu templo na bolsa de valores, a Alemanha culta também perdeu aquele grande senso teórico que tinha sido seu orgulho na época de sua mais profunda humilhação política – o senso para a pesquisa puramente científica, não importando se o resultado alcançado teria proveito prático ou não, se chamaria a atenção da polícia ou não. É certo que a ciência natural oficial alemã, principalmente no âmbito da pesquisa individual, se manteve à altura do seu tempo, mas a revista norte-americana *Science* já observou com razão que os progressos decisivos no campo dos grandes nexos entre os fatos individuais, sua generalização em forma de leis, passaram a ser feitos muito mais na Inglaterra do que, como antes, na Alemanha. E, no campo das ciências históricas, incluindo a filosofia, com a filosofia clássica desapareceu de vez o velho espírito teórico inescrupuloso; ele foi substituído pelo ecleticismo irrefletido, pelo escrúpulo medroso quanto à carreira e à renda e até pelo mais ordinário arrivismo. Os representantes oficiais dessa ciência passaram a ser os ideólogos indissimulados da burguesia e do Estado vigente – isso, porém, na época em que ambos estão em franca oposição à classe trabalhadora.

A classe trabalhadora foi a única que preservou intacto o senso teórico alemão. Não há como extirpá-lo dali; ela não tem escrúpulos quanto à carreira, o resultado lucrativo, a proteção misericordiosa vinda de cima; pelo contrário, quanto mais inescrupuloso e imparcial for o procedimento da ciência, tanto mais ela estará em consonância com os interesses e as aspirações dos trabalhadores. A nova tendência, que identificou na história do desenvolvimento do trabalho a chave para a compreensão de toda a história da sociedade, voltou-se desde o início preferencialmente para a classe trabalhadora e teve aí a receptividade que ela não buscou nem esperou ter da ciência oficial. O movimento dos trabalhadores alemães é o herdeiro da filosofia clássica alemã.

# APÊNDICE

# Sobre a história do cristianismo primitivo

## I

A história do cristianismo primitivo apresenta notáveis pontos de contato com o moderno movimento dos trabalhadores. A exemplo deste, o cristianismo foi originalmente um movimento de oprimidos: ele entrou em cena primeiramente como religião de escravos e libertos, de pobres e sem direitos, de povos subjugados e dispersos por Roma. Tanto o cristianismo quanto o socialismo dos trabalhadores pregam uma redenção iminente da servidão e da miséria; o cristianismo situa a redenção em uma vida transcendente após a morte, no céu, o socialismo a situa neste mundo, numa sociedade transformada. Ambos foram perseguidos e acossados, seus adeptos banidos, submetidos a leis de exceção, uns como inimigos do gênero humano, os outros como inimigos do império, inimigos da religião, da família, da ordem social. E, apesar de todas as perseguições e até diretamente fomentados por elas, ambos avançaram vitoriosa e irrefreavelmente. Trezentos anos após seu surgimento, o cristianismo foi reconhecido como religião oficial do Império Romano mundial e, em menos de sessenta anos, o socialismo conquistou uma posição que lhe garante a vitória absoluta.

Portanto, quando o senhor professor Anton Menger, em seu livro *Recht auf den vollen Arbeitsertrag* [Direito ao pleno fruto do trabalho], se admira de que, diante da colossal centralização da propriedade fundiária sob os imperadores romanos e diante do imenso sofrimento da classe trabalhadora daquele tempo, composta quase exclusivamente de escravos, "o socialismo não tenha decorrido da queda do Império

Romano do Ocidente"¹, ele justamente não percebe que foi esse "socialismo" que de fato assumiu o poder – na medida em que isso era possível naquela época – no cristianismo. Só que esse cristianismo, como não poderia deixar de ser, dadas as precondições históricas, não quis realizar a transformação social neste mundo, mas no além, no céu, na vida eterna após a morte, no "reino milenar" iminente.

O paralelismo dos dois fenômenos históricos já ficou evidente na Idade Média, durante os primeiros levantes de camponeses oprimidos e sobretudo de plebeus citadinos. Esses levantes, como todos os movimentos de massa da Idade Média, necessariamente vestiram uma máscara religiosa, apresentaram-se como restaurações do cristianismo primitivo diante da degeneração que tomara conta dele\*; mas

---

1     Engels fez uma análise crítica desse livro de Menger no ensaio *O socialismo jurídico* [trad. Lívia Cotrim, São Paulo, Boitempo, 2012]. (N. E. A.)

\*     Um contraste peculiar a isso constituem as rebeliões religiosas do mundo islâmico, em especial na África. O islamismo é uma religião feita sob medida para orientais, especificamente para árabes, ou seja, por um lado, para citadinos que praticam o comércio e a indústria, por outro lado, para beduínos de vida nômade. Aí está, porém, o embrião de uma colisão periodicamente recorrente. Os citadinos se tornam ricos, opulentos e relapsos na observância da "lei". Os beduínos empobrecem e, em virtude da pobreza, seguem de modo rigoroso os costumes, olhando com inveja e avidez para as riquezas e os prazeres. Então eles se congregam sob um profeta, um *Mahdi*, para punir os apóstatas e restaurar a reverência à lei cerimonial e à verdadeira crença, embolsando como recompensa os tesouros dos apóstatas. É claro que, cem anos depois, eles se encontram exatamente na mesma condição em que estavam aqueles apóstatas; uma nova depuração da fé se torna necessária, um novo *Mahdi* se levanta, o jogo começa de novo. Foi o que aconteceu desde as expedições de conquista dos almorávidas e almóadas africanos contra a Espanha até o último *Mahdi* de Cartum, que resistiu tão exitosamente aos ingleses.
Isso ou algo parecido aconteceu com os levantes na Pérsia e outros países islâmicos. Trata-se, em todos esses casos, de movimentos em trajes religiosos, decorrentes de causas econômicas; no entanto, mesmo quando são vitoriosos, permitem que as antigas condições econômicas persistam intactas. Portanto, tudo permanece como antes e a colisão se torna periódica. Em contraposição, nos levantes populares do Ocidente cristão, o disfarce religioso apenas serve de bandeira e máscara para ataques a uma ordem econômica obsolescente; esta acaba sendo derrubada,

regularmente se ocultaram por trás da exaltação religiosa interesses mundanos bem consistentes. A manifestação mais grandiosa disso foi a organização dos taboritas boêmios sob Jan Žižka, de gloriosa memória[2]; contudo esse traço atravessa toda a Idade Média, adormecendo gradativamente após a guerra camponesa alemã, para voltar a despertar com os comunistas trabalhadores após 1830. Tanto os comunistas revolucionários franceses quanto principalmente Weitling e seus adeptos reportaram-se ao cristianismo primitivo bem antes de Ernest Renan dizer: "se vocês quiserem ter uma noção de como eram as primeiras comunidades cristãs, observem uma seção local da Associação Internacional de Trabalhadores".

Nem o próprio beletrista francês que confeccionou o romance de história da Igreja intitulado *Origines du Christianisme* [Origens do cristianismo], aproveitando os resultados da crítica bíblica alemã de uma forma sem precedentes inclusive no jornalismo moderno, sabia quanto havia de verdade na sentença acima. Eu gostaria de ver qual dos velhos integrantes da "Internacional" conseguiria ler, por exemplo,

---

uma nova ordem desponta e o mundo avança. [A luta de libertação nacional dos núbios, árabes e outras tribos do Sudão sob a liderança do profeta islâmico Maomé Ahmed, autodenominado "Mahdi", isto é, "Redentor", começou em 1881. O ponto alto dessa luta foi atingido em 1883-1884, quando quase todo o território do Sudão tinha sido libertado dos colonizadores ingleses que haviam invadido o país já na década de 1870. Em 1885, os adeptos do Mahdi conquistaram a capital, Cartum. No decurso da luta, formou-se um Estado independente e centralizado, em torno do Mahdi. Só por volta de 1899 os ingleses conseguiram reconquistar o Sudão, em virtude das debilidades internas do Estado – consequência das guerras e rixas incessantes entre as tribos – e graças ao armamento superior – N. E. A.]

[2] Os taboritas formaram a ala revolucionária do movimento hussita, cuja sede estava localizada em Tabor, no sul da Boêmia. Essa ala era integrada por camponeses, artífices e mineiros que se voltaram contra as hierarquias secular e eclesiástica e contra a desigualdade de posses, reivindicando a independência nacional e uma ordem democrática e republicana. Os taboritas compunham o núcleo do exército hussita, que resistiu a cinco cruzadas organizadas pelo papa e pelo imperador alemão Sigismundo contra os tchecos. Um acordo da nobreza feudal tcheca e da burguesia tcheca com as forças reacionárias feudais não tchecas levou em 1434 à derrota dos taboritas e, desse modo, à repressão do movimento hussita. (N. E. A.)

a assim chamada *Segunda carta de Paulo aos coríntios* sem que, pelo menos num dos seus aspectos, velhas feridas voltassem a se abrir nele. A carta inteira reverbera, em especial a partir do oitavo capítulo, o tom da lamentação que nos é tão familiar: *les cotisations ne rentrent pas* – as contribuições não estão entrando! Quantos dos mais engajados propagandistas dos anos de 1860 não apertariam compreensivos a mão do autor dessa carta, quem quer que tenha sido, e lhe sussurrariam: então você também passou por isso! Nós também temos algo a dizer a esse respeito – a nossa associação também está cheia de coríntios – essas contribuições que não estavam entrando, que revoavam diante dos nossos olhares de Tântalo fora do alcance de nossas mãos, eram justamente os famosos "milhões da Internacional"!

Uma das nossas melhores fontes sobre os primeiros cristãos é Luciano de Samósata, o Voltaire da Antiguidade clássica, que adotou a mesma postura cética em relação a toda e qualquer superstição religiosa e, por conseguinte, não tinha razões nem de crença pagã nem políticas para tratar os cristãos de maneira distinta de qualquer outra agremiação religiosa. Pelo contrário, ele zomba por igual de todos por sua superstição, tanto dos adoradores de Júpiter quanto dos adoradores de Cristo; do seu ponto de vista racionalista raso, uma espécie de superstição é tão tola quanto a outra. Essa testemunha, em todo caso imparcial, relata, entre outras coisas, também a história de vida de um aventureiro chamado Peregrino, cujo nome era Proteu, natural de Parium no Helesponto. Dito Peregrino debutou em sua juventude na Armênia com um adultério, foi pego em flagrante e linchado segundo o costume local. Conseguindo escapar, ele estrangulou seu pai em Parium e foi obrigado a empreender a fuga. Cito segundo a tradução de Schott[3]:

> Sucedeu, então, que ele tomou conhecimento também da curiosa sabedoria dos cristãos, com cujos sacerdotes e escribas se relacionou na Palestina. E, em

---

[3] Não foi possível verificar o teor das citações literais que Engels fez da sátira de Luciano intitulada *A morte do Peregrino* segundo a tradução de Schott. Usou-se como ponto de comparação a tradução alemã dessa obra por August Pauly (ver *Lucians Werke*, v. 12, Stuttgart, 1831, p. 1.618-20 e 1.622). (N. E. A.)

pouco tempo, ele avançou tanto que seus mestres pareciam crianças em comparação com ele. Ele se tornou profeta, ancião, líder da sinagoga, em suma, tudo numa pessoa só: ele interpretava seus escritos e ele próprio escreveu grande quantidade deles, de modo que, por fim, acreditaram ver nele um ser superior, deixaram que fizesse leis para eles e o nomearam como seu presidente (bispo). [...] Em virtude disso [ou seja, por ser cristão], Proteu também foi detido pela autoridade e lançado na prisão. [...] Enquanto se encontrava preso, os cristãos, que consideraram sua detenção uma grande desgraça, fizeram tudo o que estava ao seu alcance para libertá-lo. Só que nada deu resultado e, então, passaram a dispensar-lhe todos os cuidados possíveis com uma solicitude fora do comum. Ao raiar do dia já se viam mãezinhas idosas, viúvas e jovens órfãs esperando diante da porta da prisão; os cristãos mais influentes chegavam a subornar os guardas da prisão para passar noites inteiras com ele; eles faziam suas refeições ali mesmo e liam com ele seus livros sagrados; em resumo, para eles, o amado Peregrino (na época, ele ainda era chamado assim) era nada menos que outro Sócrates. Até de algumas cidades da Ásia Menor vieram delegados de comunidades cristãs para prestar-lhe ajuda, consolá-lo e interceder por ele diante do tribunal. É inacreditável a rapidez com que essas pessoas se mobilizam quando se trata de um assunto de sua comunhão; elas não poupam esforços nem custos. E, assim, na época, o Peregrino recebeu dinheiro de todas as partes, de modo que o cativeiro foi para ele fonte de receitas abundantes. Pois essas pobres pessoas estão convictas de que são imortais de corpo e alma e de que viverão por toda a eternidade; é por isso que inclusive desprezam a morte e muitas delas até se entregam a ela voluntariamente. Ademais, seu principal legislador os persuadiu de que todos seriam irmãos entre si assim que se convertessem, isto é, negassem os deuses gregos e passassem a adorar aquele sofista crucificado e a viver de acordo com suas prescrições. Por isso, eles desprezam indistintamente todos os bens exteriores e os possuem comunitariamente – essas doutrinas foram assumidas por eles na fé e na confiança, sem verificação nem comprovação. Ora, se chegar até eles um trapaceiro habilidoso que saiba se aproveitar astutamente das circunstâncias, em pouco tempo ele poderá tornar-se um homem rico e ainda zombar discretamente desses tipos simplórios. Aliás, o Peregrino voltou a ser libertado pelo procurador da Síria daquele período.

Depois de mais algumas aventuras, consta o seguinte:

Nosso homem, então, partiu pela segunda vez [de Parium] a vagabundear, bastando-lhe, para isso, em vez de levar dinheiro para a viagem, contar com o bom coração dos cristãos, que, em toda parte, lhe ofereciam abrigo e não lhe deixavam faltar nada. Por certo tempo, ele foi alimentado dessa maneira. Mas, quando ele transgrediu também as leis dos cristãos – acho que o viram comer algo proibido entre eles –, eles o excluíram de sua comunhão.

Quantas lembranças da minha juventude afloram ao ler essa passagem de Luciano. Houve primeiramente o "profeta Albrecht", que, a partir de 1840, tornou literalmente inseguras durante alguns anos as comunidades comunistas de Weitling[4] na Suíça – um homem grande e forte, de barba comprida, que percorreu a Suíça a pé em busca de ouvintes para o seu novo e misterioso evangelho da libertação do mundo e que, no entanto, de resto parece ter sido um criador de confusão bastante inofensivo e que logo faleceu. Depois veio seu sucessor, bem menos inofensivo, o "Dr." Georg Kuhlmann de Holstein, que aproveitou o tempo em que Weitling esteve preso para converter as comunidades da Suíça francesa ao *seu* evangelho, logrando por certo tempo um êxito tão grande que conseguiu pegar até seu líder mais espirituoso, mas também o mais negligente, August Becker. Esse Kuhlmann proferia diante deles palestras que foram publicadas em 1845 em Genebra sob o título *Die Neue Welt oder das Reich des Geistes auf Erden. Verkündigung* [O novo mundo ou o reino do espírito na Terra. Proclamação]. Na introdução, redigida por seus adeptos (provavelmente por August Becker), consta isto:

---

[4] Alusão à Liga dos Justos, uma organização secreta de trabalhadores e artífices alemães que surgiu na segunda metade da década de 1830 pela exclusão dos elementos mais extremistas, na maioria proletários, da Sociedade Secreta dos Proscritos; mais tarde a Liga, que constituiu a etapa prévia da posterior Liga dos Comunistas, internacionalizou-se. As visões políticas dos membros da Liga dos Justos, que refletiam a condição de quase artífices do proletariado alemão daquela época, foram fortemente influenciadas pelo comunismo utópico da igualdade de Wilhelm Weitling e, mais tarde, pelo socialismo "verdadeiro", bem como pelas utopias pequeno-burguesas de Proudhon. Sobre a história da Liga dos Justos, ver também o escrito polêmico de Marx intitulado *Senhor Vogt* e o ensaio de Engels *Sobre a história da Liga dos Comunistas* (ver MEW, v. 14, p. 438-40 e v. 21, p. 207-15). (N. E. A.)

Faltava um homem cuja voz expressasse todo o nosso sofrimento e todo o nosso anseio e esperança, numa palavra, tudo o que mais intimamente move nosso tempo. [...] Esse homem esperado pelo nosso tempo chegou. É o Dr. Georg Kuhlmann de Holstein. Ele chegou com a doutrina do novo mundo ou do reino do espírito na realidade.[5]

Decerto não preciso acrescentar que essa doutrina do novo mundo não passa do mais ordinário e exagerado sentimentalismo, formulado em um linguajar semibíblico ao estilo de Lamennais e apresentado com arrogância profética, o que não impediu que os bons adeptos de Weitling paparicassem esse embusteiro, a exemplo do que os cristãos asiáticos haviam feito com o Peregrino. Eles, que de resto eram arquidemocráticos e igualitários ao extremo, a ponto de nutrir suspeitas indeléveis contra todo mestre-escola, jornalista e, em geral, contra todos os que não eram artífices, como se fossem "sabichões" querendo explorá-los, eles deixaram que um Kuhlmann ataviado de melodramas os persuadisse de que, no "novo mundo", o mais sábio, *id est* Kuhlmann, regulamentaria a distribuição dos prazeres e de que, por isso mesmo, já agora, no velho mundo, os discípulos deveriam prover esse mais sábio de prazeres a rodo e eles próprios deveriam contentar-se com as migalhas. E Kuhlmann-Peregrino levou uma vida de luxo e regalias à custa das comunidades – enquanto durou. Mas de fato não durou muito; a reclamação crescente dos céticos e descrentes e a ameaça de perseguição pelo governo do Cantão de Waadt deram fim ao "reino do espírito" em Lausanne – Kuhlmann desapareceu.

Quem conheceu por experiência própria os primórdios do movimento dos trabalhadores na Europa se lembrará de dúzias de exemplos semelhantes. Hoje em dia, esses casos extremos se tornaram impossíveis, pelos menos nos centros maiores, mas, em regiões mais afastadas, onde o movimento conquista novos territórios, um Peregrino desse

---

[5] No capítulo 5 da obra *A ideologia alemã*, Marx e Engels desmascararam as "proclamações" de Kuhlmann (ver MEW, v. 3, p. 521-30 [ed. bras.: *A ideologia alemã*, trad. Rubens Enderle, Nélio Schneider e Luciano Cavini Martorano, São Paulo, Boitempo, 2007, p. 511-19]). (N. E. A.)

quilate ainda poderia obter algum sucesso limitado e temporário. E da mesma maneira que se achegam ao partido dos trabalhadores de todos os países os elementos que nada têm a esperar do mundo oficial ou que já esgotaram suas possibilidades nele – os antivacinação, os adeptos da moderação, os vegetarianos, os que são contra a vivissecção, os naturopatas, pregadores das igrejas livres[6] de cujas trampas as comunidades se livraram, autores de novas teorias cosmogônicas, inventores malogrados ou acidentados, os que sofreram injustiças reais ou supostas e que são chamados de "encrenqueiros inúteis" pela burocracia, os tolos honestos e os charlatães desonestos –, o mesmo aconteceu com os primeiros cristãos. Todos os elementos liberados, isto é, dispensados pelo processo de dissolução do mundo antigo, ingressaram, um após o outro, no campo de atração do cristianismo, o único elemento que resistia a esse processo de dissolução – justamente por ter sido produto necessário dele – e que, por conseguinte, permaneceu e cresceu, ao passo que os demais elementos foram efêmeros. Não houve fanatismo, tolice ou embuste que não se tenha achegado à jovem cristandade, que não tenha encontrado ouvidos receptivos e crentes dispostos, ao menos em lugares isolados. E, a exemplo das nossas primeiras comunidades comunistas de trabalhadores, também os primeiros cristãos mostravam uma credulidade sem precedentes para coisas que serviam à sua causa, de modo que nem podemos estar certos de que um ou outro fragmento da "grande quantidade" de escritos redigidos pelo Peregrino para a cristandade não se tenha perdido dentro do nosso Novo Testamento.

---

[6] As comunidades livres se formaram nos anos de 1846 e 1847 sob a influência do movimento dos "Amigos da Luz", uma corrente religiosa surgida em 1841 que se voltou contra o pietismo dominante na igreja protestante oficial e contra o rigoroso misticismo e o ar piedoso que lhe são próprios. Essa oposição religiosa foi uma forma de manifestação da insatisfação da burguesia da década de 1840 com a ordem reacionária vigente nos diferentes estados alemães. As comunidades livres se separaram da igreja protestante oficial e, no dia 30 de março de 1847, obtiveram o direito de praticar livremente sua religião. Em 1859, elas se uniram às comunidades dos católicos alemães. (N. E. A.)

II

A crítica bíblica alemã, que até o momento é a única base científica do nosso conhecimento da história do cristianismo primitivo, seguiu duas tendências.

Uma delas é a da *Escola de Tübingen*[1], da qual também faz parte, em termos amplos, D. F. Strauss. Ela avança na investigação crítica até o ponto em que isso é permitido a uma escola *teológica*. Ela admite que os quatro evangelhos não são relatos de testemunhas oculares, mas elaborações posteriores de escritos perdidos, e que no máximo quatro das cartas atribuídas ao apóstolo Paulo são autênticas etc. Ela elimina da narrativa histórica todos os milagres e todas as contradições como inadmissíveis; porém, do que resta, ela procura "salvar o que ainda pode ser salvo" e, ao fazer isso, evidencia seu caráter de escola de teólogos. Desse modo, ela possibilitou que Renan, o qual se baseia nela em grande medida, aplicando o mesmo método, tenha "salvado" muito mais coisas e queira nos impingir como historicamente acreditadas, além de muitas narrativas neotestamentárias mais do que duvidosas, grande quantidade de outras lendas de mártires. Em todo caso, tudo o que a Escola de Tübingen rejeita no Novo Testamento como não

---

[1] *Escola de Tübingen:* escola de pesquisa e crítica bíblicas fundada na primeira metade do século XIX por Ferdinand Christian Baur. A crítica racionalista do evangelho pelos adeptos dessa escola se caracterizou pela incoerência e pela busca de preservar algumas diretrizes bíblicas como fidedignas do ponto de vista histórico. Contra a sua vontade, esses pesquisadores contribuíram para minar a autoridade da Bíblia. (N. E. A.)

histórico ou como suposição pode ser considerado definitivamente descartado para a ciência.

A outra tendência é representada por um homem – Bruno Bauer[2]. Seu grande mérito consiste não só na crítica inescrupulosa dos evangelhos e das cartas apostólicas mas também no fato de que ele foi o primeiro a levar a sério a investigação tanto dos elementos judaicos e greco-alexandrinos quanto dos elementos puramente gregos e greco--romanos que franquearam ao cristianismo o caminho para se tornar uma religião mundial. Desde Bruno Bauer se tornou impossível a saga de um cristianismo que surgiu totalmente pronto do judaísmo, que a partir da Palestina conquistou o mundo com uma dogmática e uma ética já estabelecidas em seus traços principais; essa saga só pode mesmo continuar vegetando nas faculdades de teologia e entre pessoas que querem "preservar a religião para o povo" mesmo que seja à custa da ciência. Falta muito para constatar em detalhes a enorme participação que tiveram a escola filônica de Alexandria e a filosofia vulgar greco-romana – a platônica e sobretudo a estoica – no cristianismo que se tornou religião do Estado sob Constantino, mas esse fato está comprovado, e isso é preponderantemente obra de Bruno Bauer; ele lançou a base da prova de que o cristianismo não foi importado de fora, da Judeia, para o mundo greco-romano e impingido a este, mas que ele, pelo menos em seu formato de religião mundial, é produto bem próprio desse mundo. Naturalmente, como acontece com todas as pessoas que lutam contra preconceitos enraizados, Bauer atirou longe do alvo com o seu trabalho. Para fixar também literariamente a influência de Fílon e, em especial, de Sêneca sobre o cristianismo em

---

[2] A crítica do Novo Testamento está contida nos seguintes trabalhos de Bruno Bauer: *Kritik der evangelischen Geschichte des Johannes* [Crítica da história evangélica de João], Bremen, 1840, e *Kritik der evangelischen Geschichte der Synoptiker* [Crítica da história evangélica dos sinóticos], v. 1-2, Leipzig, 1841; o terceiro e último volume dessa obra, com o título *Kritik der evangelischen Geschichte der Synoptiker und des Johannes* [Crítica da história evangélica dos sinóticos e de João], veio a público em 1842 em Braunschweig. (N. E. A.)

formação e apresentar os autores neotestamentários formalmente como plagiadores daqueles filósofos, ele foi forçado a datar o surgimento da nova religião meio século mais tarde, a rejeitar os relatos contrários dos historiadores romanos e, de modo geral, a tomar grandes liberdades com a exposição histórica. Segundo ele, o cristianismo como tal só surgiu sob os imperadores flavianos, a literatura neotestamentária só sob Adriano, Antonino e Marco Aurélio. Desse modo, também desaparece, em Bauer, todo pano de fundo histórico das narrativas neotestamentárias sobre Jesus e seus discípulos; elas se dissolvem em sagas, nas quais as fases internas de desenvolvimento e os conflitos de mentalidades das primeiras comunidades são transpostos para pessoas mais ou menos fictícias. Os locais de nascimento da nova religião não são Galileia e Jerusalém, mas Alexandria e Roma.

Portanto, enquanto a Escola de Tübingen nos oferece, no resíduo não contestado da história e da literatura neotestamentárias, o máximo daquilo que a ciência atual ainda pode aceitar como controverso, Bruno Bauer nos proporciona o máximo daquilo que ela pode contestar nisso tudo. Entre esses dois limites se situa a verdade factual. É bastante duvidoso se será possível determiná-la com os recursos atuais. Novas descobertas arqueológicas, principalmente em Roma, no Oriente, sobretudo no Egito, contribuirão bem mais do que toda a crítica.

Porém temos um único livro neotestamentário cujo período de redação pode ser estabelecido com a exatidão de poucos meses e que deve ter sido escrito entre junho de 67 e janeiro ou abril de 68[3]; portanto, um livro que pertence aos primórdios cristãos e reflete suas concepções com a mais ingênua fidelidade e na expressão idiomática correspondente, e que, por conseguinte, na minha opinião, é bem mais importante para a constatação daquilo que o cristianismo primitivo efetivamente foi do que o restante do Novo Testamento, bem posterior em sua versão atual. Esse livro é o assim chamado Apocalipse de

---

[3] A datação indicada nesta passagem se encontra em contradição com os possíveis anos da redação do assim chamado Apocalipse de João mencionados neste artigo (entre junho de 68 e janeiro e abril de 69). (N. E. A.)

João, que, graças à crítica alemã, passou da condição de livro mais obscuro para a de livro mais bem compreendido e mais transparente de toda a Bíblia; por isso, quero fazer um relatório a respeito dele para os meus leitores.

Basta lançar um olhar dentro desse livro para convencer-se de quanto eram exaltados não só o seu autor mas também o "meio circundante" em que ele se moveu. Nosso "Apocalipse [= Revelação]" não é o único do seu gênero e da sua época. Do ano de 164 antes da nossa contagem do tempo, ano em que foi escrito o primeiro Apocalipse conservado até nossos dias, o assim chamado Livro de Daniel, até mais ou menos o ano 250 da nossa contagem do tempo, que é a data aproximada de surgimento do *"Carmen [apologeticum]"* de Comodiano, Renan enumera nada menos que quinze "Apocalipses" clássicos conservados até nossos dias, excetuando as imitações posteriores. (Cito Renan porque seu livro é o mais conhecido e o mais acessível também fora dos círculos especializados.) Foi uma época em que até em Roma e na Grécia, mas muito mais na Ásia Menor, na Síria e no Egito, era aceita de modo absolutamente acrítico uma mistura da superstição mais escrachada dos mais diferentes povos, complementada por intermédio da fraude piedosa e do charlatanismo escancarado, no qual estavam em primeiro plano milagres, êxtases, visões, baboseiras de espíritos, sondagem do futuro, alquimia, cabala[4] e outras asneiras de magia oculta. Essa foi a atmosfera em que surgiu o cristianismo primitivo, mais precisamente em meio a uma classe de pessoas que, mais que todas as outras, dava ouvidos a essas fantastiquices sobrenaturais. Pois durante o século II da contagem cristã do tempo, os gnósticos cristãos[5]

---

[4] *Cabala:* doutrina secreta judaica, mística judaica, que tomou forma entre o século IX e o século XIII. Ao lado do *Zohar*, que é o livro propriamente místico-cabalístico, é usado na Cabala o livro *Yetzirah*, que contém a maior parte do simbolismo dos números e das palavras a que Engels se refere. (N. E. A.)

[5] *Gnósticos:* adeptos de uma tendência religiosa mística no período do cristianismo primitivo. Sua filosofia amalgamou o neoplatonismo com ideias pitagóricas e cristãs e preparou o terreno para o obscurantismo medieval. (N. E. A.)

do Egito estavam bastante envolvidos com a alquimia e assumiram concepções alquímicas em suas doutrinas, como comprovam, entre outros, os papiros de Leyden. E os *mathematici*[6] caldeus e judeus, que, segundo Tácito, foram expulsos de Roma duas vezes, a primeira sob Cláudio e a segunda sob Vitélio, por praticarem a magia[7], praticavam uma arte geométrica que em nada diferia daquela que reencontraremos no ponto central do Apocalipse de João.

Um segundo ponto junta-se a esse. Todos os Apocalipses conferem a si mesmos o direito de iludir seus leitores. Via de regra, eles não só foram escritos por pessoas diferentes – na maioria das vezes, muito posteriores – das dos seus alegados autores, como, por exemplo, o Livro de Daniel, o Livro de Enoque, os Apocalipses de Esdras, Baruc, Judá etc., os Livros Sibilinos[8], mas, a julgar por seu conteúdo principal, eles também profetizam só coisas que aconteceram há muito tempo e são perfeitamente conhecidas do seu real autor. Assim, no ano de 164, pouco antes da morte de Antíoco Epifanés, o autor do Livro de Daniel faz com que Daniel, que supostamente viveu na época de Nabucodonosor, prenunciasse a ascensão e o ocaso dos impérios mundiais Persa e Macedônio e o início do Império Romano, para, em vista da prova de sua potência profética, tornar o leitor receptivo à profecia final de que o povo de Israel superaria todos os sofrimentos e acabaria vitorioso. Portanto, se o Apocalipse de João é realmente a obra do alegado autor, ele seria a única exceção em toda a literatura apocalíptica.

Em todo caso, o João que alega ser o autor era um homem muito respeitado entre os cristãos da Ásia Menor. Isso é avalizado pelo tom das missivas às sete comunidades. Logo, possivelmente se trata do apóstolo João, cuja existência histórica, todavia, não está perfeitamente certificada, mas é bastante provável. E, se esse apóstolo realmente for o

---

6   Calculadores de presságios da Cabala. (N. E. A.)
7   Tácito, *Anais*, livro 12, cap. 52, e *Histórias*, livro 2, cap. 62. (N. E. A.)
8   *Livros Sibilinos:* coleção de profecias atribuídas a uma das "adivinhas" itinerantes da Antiguidade (a Sibila de Cuma). Essas adivinhas desempenharam um papel importante na vida religiosa da Roma antiga. (N. E. A.)

autor, tanto melhor para o nosso ponto de vista. Seria a melhor certificação de que o cristianismo desse livro é o real e autêntico cristianismo primitivo. Seja observado de passagem apenas que o Apocalipse não provém do autor homônimo, ao qual são atribuídos o evangelho ou as três cartas.

O Apocalipse é composto de uma série de visões. Na primeira aparece Cristo, paramentado de sumo sacerdote, andando no meio de sete candelabros que representam as sete comunidades asiáticas e ditando para "João" cartas aos sete "anjos" dessas comunidades. Logo de início aparece de modo contundente a diferença entre *esse* cristianismo e a religião mundial constantina formulada pelo Concílio de Niceia[9]. A Trindade não só é desconhecida, mas aqui se trata de uma impossibilidade. Em vez do posterior Espírito Santo *único*, temos aqui os "*sete* espíritos de Deus", formulação extraída de Isaías 11,2 pelos rabinos. Cristo é o filho de Deus, o primeiro e o último, o alfa e o ômega, mas de forma nenhuma ele próprio é Deus ou igual a Deus; pelo contrário, ele é "o princípio da *criação* de Deus" e, dessa maneira, uma emanação de Deus que, de fato, existe desde a eternidade, no entanto é subordinada, semelhante à dos sete espíritos mencionados. No capítulo 15,3, os mártires entoam no céu "o cântico de Moisés, servo de Deus, e o cântico do Cordeiro" para glorificação de Deus. Aqui, portanto, Cristo aparece não só como subordinado a Deus, mas até, em certo sentido, é posto no mesmo nível de Moisés. Cristo foi crucificado em Jerusalém (11,8), porém ressuscitou (1,5 [e] 18), sendo "o Cordeiro" que foi sacrificado pelos pecados do mundo e cujo sangue serviu para resgatar os crentes para Deus dentre todos os povos

---

[9] *Concílio de Niceia:* o primeiro concílio mundial da igreja cristã do Império Romano, convocado pelo imperador Constantino I, no ano 325, em Niceia (cidade da Ásia Menor). O concílio elaborou um símbolo de fé obrigatório para todos os cristãos (teses fundamentais da confissão de fé da igreja ortodoxa) cuja não aceitação era punida como crime de lesa-pátria. As resoluções do concílio constituíram expressão da estreita aliança entre Igreja e Estado e da transformação do cristianismo em religião do Estado do Império Romano. (N. E. A.)

e línguas. Aqui encontramos a concepção básica que possibilitou ao cristianismo primitivo evoluir à condição de religião mundial. Comum a todas as religiões dos semitas e europeus daquela época era o ponto de vista de que os deuses ofendidos por ações humanas poderiam ser reconciliados mediante sacrifícios; a primeira concepção básica revolucionária (tomada de empréstimo da escola filônica) no cristianismo foi a de que, por meio do grande sacrifício voluntário de um mediador, os pecados de todas as épocas e de todos os humanos teriam sido expiados de uma vez por todas – em favor dos que creem. Desse modo, foi eliminada a necessidade de continuar oferecendo sacrifícios, logo removida a base de grande quantidade de cerimônias religiosas; livrar-se de cerimônias que dificultam ou interditam o contato com quem segue uma crença diferente era a primeira condição de uma religião mundial. E, ainda assim, o hábito de oferecer sacrifícios estava tão arraigado nos costumes populares que o catolicismo – que retomou tanta coisa do paganismo – considerou apropriado adequar-se a esse fato mediante a introdução pelo menos do sacrifício simbólico da missa. – Em contraposição, não se encontra, em nosso livro, nenhum vestígio do dogma do pecado hereditário/original.

Porém o aspecto mais característico dessas missivas, assim como do livro todo, é que nem sequer ocorre ao autor designar a si e a seus companheiros de fé a não ser como – *judeus*. Ele repreende os sectários de Esmirna e Filadélfia, acusando-os nos seguintes termos: "eles se declaram judeus e não são, mas são a escola de Satanás"; a respeito dos de Pérgamo, consta que: eles sustentam a doutrina de Balaão, que ensinava Balaque a armar ciladas *diante dos filhos de Israel* para que comessem coisas sacrificadas a ídolos e praticassem a prostituição. Não estamos lidando aqui, por conseguinte, com cristãos conscientes, mas com pessoas que se declaram judeus; seu judaísmo, entretanto, é um novo estágio de desenvolvimento do anterior e, justamente por isso, o único verdadeiro. É por isso que, no comparecimento dos santos perante o trono de Deus, vêm primeiro 144 mil judeus, 12 mil de cada tribo, e só depois a multidão inumerável de pagãos convertidos a esse judaísmo renovado. No ano 69 da contagem cristã do tempo, nosso autor não fazia ideia de que estava representando uma fase totalmente nova do desenvolvimento religioso, que viria a ser um dos elementos mais revolucionários na história do espírito humano.

Vemos, portanto, que o cristianismo daquela época, ainda sem consciência de si mesmo, era completamente distinto da posterior religião mundial dogmaticamente fixada pelo Concílio de Niceia; aquele nem sequer é reconhecível nesta. Aqui não existe nem a dogmática nem a ética do cristianismo posterior; em compensação, porém, existe um senso de estar em luta contra o mundo inteiro e de que se obterá a vitória; uma vontade de lutar e uma certeza da vitória que os cristãos atuais perderam totalmente e que, no nosso tempo, só se encontra no polo social oposto, entre os socialistas.

De fato, a luta contra um mundo inicialmente superpoderoso e a luta simultânea dos inovadores entre si é comum tanto ao cristão primitivo quanto ao socialista. Os dois grandes movimentos não foram feitos por líderes e profetas – embora haja em ambos boa quantidade de profetas –; eles são movimentos de massa. E movimentos de massa são necessariamente confusos no início; confusos porque todo pensamento de massas no início se move por contradições, falta de clareza, incoerências, mas confusos também justamente por causa do papel que os profetas ainda desempenhavam neles no princípio. A confusão se mostra na formação de numerosas seitas, que combatem umas às outras no mínimo com a mesma veemência com que combatem o inimigo comum lá fora. Foi o que aconteceu no cristianismo primitivo, foi o que aconteceu nos primeiros tempos do movimento socialista, por mais que isso tenha entristecido os pacatos bem-intencionados que pregavam a unidade quando esta não era possível.

Mas, então, a coesão da Internacional era obtida por meio de um dogma unitário? Pelo contrário. Havia nela comunistas de tradição francesa anterior a 1848, que também tinham, por sua vez, diferentes matizes; havia os comunistas da escola de Weitling e outros da aliança regenerada dos comunistas; havia os proudhonistas que predominavam na França e na Bélgica; os blanquistas; o partido dos trabalhadores da Alemanha; havia, por fim, os anarquistas bakunistas, que, por pouco tempo, preponderaram na Espanha e na Itália – sendo esses apenas os grupos principais. Depois da fundação da Internacional, demorou todo um quarto de século para que se levasse a termo de modo definitivo e em todos os lugares a separação dos anarquistas e se tivesse forjado uma unidade pelo menos quanto aos pontos de vista econômicos mais gerais. E isto com os nossos meios de circulação, com as ferrovias, os telégrafos, as megalópoles industriais, a imprensa, as assembleias populares organizadas.

Entre os primeiros cristãos havia a mesma cisão em inúmeras seitas, que era justamente o meio para forçar a discussão e, bem por isso, a posterior unidade. Nós já encontramos essas seitas nesse que indubitavelmente é o documento cristão mais antigo que temos, e o nosso autor polemiza contra elas com a mesma veemência implacável com que se volta contra o mundo pecador lá fora. Há ali primeiramente os nicolaítas em Éfeso e Pérgamo; os que se declaram judeus, mas constituem a sinagoga de Satanás, em Esmirna e Filadélfia; os adeptos da doutrina do falso profeta designado como Balaão em Pérgamo; os que alegam ser apóstolos, mas não o são, em Éfeso; por fim, os adeptos da falsa profetisa denominada Jezabel, em Tiatira. Nada de concreto ficamos sabendo sobre essas seitas; a respeito dos seguidores de Balaão e Jezabel apenas se diz que comiam carne de sacrifícios oferecidos a ídolos e praticavam a prostituição. Ora, tentou-se conceber todas essas cinco seitas como cristãos paulinos e todas essas missivas como direcionadas contra Paulo, o falso apóstolo, o suposto Balaão e "Nicolau". Os argumentos pouco consistentes a esse respeito se encontram compilados em Renan, *Saint-Paul*, Paris 1869, p. 303-5, 367-70. Todos eles pretendem explicar as missivas com o auxílio dos Atos dos Apóstolos e das assim chamadas cartas paulinas, escritos que, pelo menos em sua versão atual, são no mínimo sessenta anos mais recentes do que o Apocalipse, e, assim, os dados factuais que contêm a esse respeito não só são extremamente duvidosos como também se contradizem frontalmente. Decisivo, contudo, é que não poderia ocorrer ao nosso autor apostrofar a mesma seita com cinco diferentes designações, e até com duas só para Éfeso (falsos apóstolos e nicolaítas) e para Pérgamo igualmente com duas (balaamitas e nicolaítas), e a cada vez dizendo expressamente que se trata de duas seitas diferentes. Com isso não se pretende negar a probabilidade de que, entre essas seitas, igualmente se encontravam elementos que hoje se caracterizariam como paulinos.

Nos dois casos, quando se indicam aspectos mais concretos, a acusação se volta contra o consumo de carne de sacrifícios oferecidos a ídolos e contra a prostituição, os dois pontos pelos quais os judeus – tanto os antigos quanto os cristãos – viviam em constante conflito com os pagãos admitidos na comunidade. A carne de sacrifícios pagãos não só era servida em refeições festivas, nas quais recusar o que era oferecido não era de bom-tom e até poderia se tornar perigoso, como era vendida nos mercados públicos, onde nem sempre se conseguia verificar o que era *kosher* ou não. Os mesmos judeus entendiam por prostituição não só a relação sexual extramatrimonial mas também o casamento entre graus de parentesco proibidos pela lei judaica ou mesmo o casamento entre judeus e pagãos; e esse é o sentido comumente atribuído a esse termo na passagem de Atos 15,20 e 29. Porém o nosso João tem pontos de vista próprios também sobre as relações sexuais permitidas aos judeus ortodoxos. Ele diz, em 14,4, a respeito dos 144 mil judeus celestiais: "Esses são os que não se macularam com mulheres, porque são virgens". E, de fato, no céu do nosso João não há uma única mulher. Ele pertence, em consequência, a uma corrente que também aparece com frequência em outros escritos do cristianismo primitivo e que encara a relação sexual em geral como pecaminosa. E, se, além disso, ponderarmos que ele chama Roma de a grande prostituta com a qual se prostituíram os reis da terra e se embriagaram com o vinho de sua prostituição, e seus comerciantes enriqueceram com sua tremenda voluptuosidade, é impossível tomar o termo que ocorre nas missivas no sentido estrito que a apologia teológica gostaria de lhe conferir para escamotear daí uma confirmação para outras passagens neotestamentárias. Pelo contrário. Essas passagens das missivas evidentemente apontam para um fenômeno comum a todas as épocas de profundas convulsões: do mesmo modo que se mexe nas demais restrições, mexe-se também nos laços tradicionais das relações sexuais. Nos primeiros séculos cristãos, também aparece, com bastante frequência, ao lado da ascese que mortifica o corpo, a tendência de expandir a liberdade cristã para um relacionamento mais ou menos irrestrito entre homem e mulher. O mesmo sucedeu no movimento socialista moderno. Qual não foi o clamor horrorizado provocado, na década de 1830, no "recatado quarto das crianças"[10] chamado Alemanha, pela *réhabilitation de la chair* [reabilitação da carne] saint-simonista, vertida para o alemão como "*Wiedereinsetzung des Fleisches* [reinstituição da carne]"! E os que mais se horrorizaram, naquela época, foram os estamentos aristocráticos dominantes (ainda não havia classes entre nós naquele tempo), que não conseguiam viver, nem em Berlim nem em suas propriedades rurais, sem incorrer constantemente na reinstituição da sua carne! O que seria se essa boa gente tivesse conhecido Fourier, que abre para a carne a perspectiva de saltos ainda maiores! Com a superação do utopismo, essas extravagâncias deram lugar a uma concepção mais racional e, na realidade, bem mais radical, e, desde que a Alemanha evoluiu da condição de "recatado quarto das crianças" de Heine para centro do movimento socialista, zomba-se da indignação hipócrita do piedoso mundo aristocrático.

Esse é todo o conteúdo dogmático das missivas. No mais, os camaradas se incentivam a fazer propaganda, a confessar com ousadia e altivez sua crença diante do adversário, a lutar incessantemente contra os inimigos externos e internos – e, quanto a esse aspecto, elas poderiam muito bem ter sido escritas por um entusiasta de inspiração profética da Internacional.

---

[10] Heinrich Heine, *Zur Beruhigung*. (N. E. A.)

# III

As missivas são apenas uma introdução ao tema propriamente dito do comunicado do nosso João às sete comunidades da Ásia Menor e, por meio delas, ao restante do judaísmo reformista do ano 69, a partir do qual se desenvolveu mais tarde a cristandade. E, desse modo, adentramos o santuário santíssimo do cristianismo primitivo.

Dentre que tipo de pessoas foram recrutados os primeiros cristãos? Principalmente dentre os "cansados e sobrecarregados"[1], dentre os integrantes das camadas mais baixas da população, como condiz com um elemento revolucionário. E quem as compunha? Nas cidades, os livres decaídos – pessoas de todos os povos, semelhantes aos *mean whites* [brancos pobres] dos Estados escravistas do Sul [dos Estados Unidos] e aos vagabundos e aventureiros europeus das cidades ultramarinas coloniais e chinesas –, ademais, os libertos e especialmente os escravos; nos latifúndios da Itália, da Sicília, da África, os escravos, nos distritos rurais das províncias, os pequenos camponeses que gradativamente eram atingidos pela servidão por dívida. Não existia em absoluto um caminho comum para a emancipação de todos esses elementos. Para todos eles, o paraíso tinha ficado para trás como paraíso perdido; para os livres decaídos, a antiga pólis, que era cidade e Estado ao mesmo tempo, cujos cidadãos livres foram, em tempos idos, seus ancestrais; para os escravos prisioneiros de guerra, o tempo da liberdade anterior à subjugação e ao cativeiro; para os pequenos camponeses, a sociedade gentílica destruída e a propriedade coletiva do solo. Tudo

---

[1] Evangelho de Mateus 11,28. (N. T.)

isso tinha sido posto por terra pelo punho de ferro nivelador do romano conquistador. O maior grupo social logrado pela Antiguidade foi a tribo e a federação de tribos aparentadas; entre os bárbaros, a sociedade estava organizada em associações de linhagens, entre os gregos e itálicos fundadores de cidades, na pólis que abrangia uma ou várias tribos aparentadas. Filipe e Alexandre deram à Península Helênica a unidade política, mas isso ainda não deu origem a uma nação grega. Nações só se tornaram possíveis por meio do declínio do Império Romano. Este pôs fim, de uma vez por todas, às pequenas associações; poder militar, jurisdição romana, aparato de recolhimento de impostos dissolveram completamente a organização interna tradicional. À perda da independência e organização própria se somou a espoliação violenta pelas autoridades militares e civis, que primeiro privavam os subjugados de seus tesouros e depois lhes emprestavam os mesmos tesouros a juros exorbitantes, para que com eles pudessem pagar por novas extorsões. A pressão dos impostos e a carência de dinheiro provocada por ela em regiões que praticavam exclusiva ou predominantemente a economia natural lançaram os camponeses cada vez mais profundamente na servidão por dívida para com usurários, produzindo grandes desigualdades patrimoniais, enriquecendo os ricos e empobrecendo de vez os pobres. E toda e qualquer resistência das pequenas tribos ou cidades individuais contra a gigantesca potência romana não tinha perspectiva de êxito. Diante disso, onde restava uma saída, uma salvação para os escravizados, oprimidos e empobrecidos, uma saída comum para todos esses diferentes grupos humanos com interesses estranhos ou até opostos entre si? E, no entanto, era preciso achar uma saída caso se quisesse abarcá-los com um único grande movimento revolucionário.

Essa saída foi encontrada. Mas não neste mundo. Do jeito que estavam as coisas, só poderia tratar-se de uma saída religiosa. Então franqueou-se um outro mundo. A continuação da existência da alma após a morte do corpo aos poucos se tornara um artigo de fé reconhecido em quase todo o mundo romano. Uma espécie de recompensa e punição para a alma falecida pelas ações cometidas na terra também foi mais e mais assumida de modo geral. A recompensa, contudo, parecia um tanto incerta; a Antiguidade era demasiado materialista e ligada à natureza para deixar de dar infinitamente mais valor à vida terrena do que à vida no reino das sombras; entre os gregos, a continuação da vida após a morte era tida mais como um golpe de azar. Aí veio o cristianismo, levando a sério a recompensa e a punição no além, criando céu e inferno, e assim se achou a saída para os cansados e sobrecarregados desse vale de lágrimas terreno e o caminho até o paraíso eterno. E, de fato, só com a perspectiva de uma recompensa no além foi possível alçar a renúncia ao mundo e a ascese estoico-filônica à condição de princípio ético fundamental de uma nova religião mundial que arrebatou as massas oprimidas da população.

Esse paraíso celestial não se abria aos crentes sem mais nem menos com a morte. Veremos que o reino de Deus, cuja capital é a nova Jerusalém, só seria conquistado e inaugurado após batalhas renhidas contra as potências infernais. Porém, na imaginação dos primeiros cristãos, essas batalhas eram iminentes. Logo no início, o nosso João caracteriza o seu livro como revelação das coisas "que *em breve* devem acontecer"; logo em seguida, no versículo 3, ele declara "bem-aventurado aquele que lê e ouve as palavras da profecia, pois *o tempo está próximo*"; à comunidade de Filadélfia, Cristo manda escrever: "Venho *sem demora*". E, no último capítulo, o anjo diz ter mostrado a João "as coisas que *em breve* devem acontecer" e lhe ordena: "Não sele as palavras da profecia deste livro, porque o tempo está *próximo*", e o próprio Cristo diz duas vezes, nos versículos 12 e 20: "Eis que venho *sem demora*". A continuação nos mostrará quanto era breve a expectativa dessa vinda.

As visões apocalípticas que o autor passa a expor são tomadas de empréstimo do começo ao fim e, na maioria das vezes, literalmente de modelos anteriores, em parte dos profetas clássicos do Antigo Testamento, em especial de Ezequiel, em parte dos Apocalipses judaicos tardios, redigidos segundo o modelo do Livro de Daniel, sobretudo do livro de Enoque, que naquela época já estava pelo menos parcialmente escrito. A crítica mostrou nos mínimos detalhes de onde o nosso João conseguiu emprestada cada imagem, cada prenúncio ameaçador, cada praga derramada sobre a humanidade descrente, em suma, todo o material do seu livro; de modo que ele não só deixa transparecer uma particular pobreza de espírito como também fornece a prova de não ter vivenciado nem sequer na imaginação os alegados arrebatamentos e as visões da maneira como ele os descreve.

O curso dessas manifestações espirituais é, em suma, o seguinte. Primeiro João vê Deus sentado em seu trono, tendo na mão um livro com sete selos e diante dele o Cordeiro que havia sido morto, mas que reviveu (Cristo), o qual foi considerado digno de romper os selos. Durante o rompimento deles, ocorreu todo tipo de sinais miraculosos e ameaçadores. Quando chegou ao quinto, João viu debaixo do altar de Deus as almas dos mártires por Cristo que tinham sido executados por causa da palavra de Deus, os quais clamaram em alta voz: "Até quando, Senhor, vais deixar de julgar e vingar o nosso sangue nos que habitam sobre a terra?". A título de consolo, é dada a eles uma veste branca com o pedido de que esperassem um pouco, pois mais mártires seriam mortos. – Nesse ponto, portanto, ainda não se fala da "religião do amor", de "amai vossos inimigos, bendizei os que vos maldizem etc."; aqui se prega francamente a vingança, a sã e sincera vingança aos perseguidores dos cristãos. É assim no livro todo. Quanto mais se aproxima o momento crítico, quanto mais densas as pragas e as penas que despencam do céu, tanto maior é a alegria com que o nosso João anuncia que a grande massa dos humanos ainda não quer fazer penitência pelos seus pecados, que novos flagelos de Deus terão de cair ribombando sobre eles, que Cristo deverá governá-los com bastão de ferro e pisar o lagar do vinho da ira rancorosa do Deus onipotente, mas que, apesar de tudo, os ímpios permanecerão com os corações endurecidos. É a sensação natural, livre de toda hipocrisia, de que se está em guerra e de que – *à la guerre comme à la guerre* [guerra é guerra]. No sétimo selo, aparecem sete anjos empunhando trombetas; toda vez que um deles toca a trombeta acontecem novos sinais aterrorizantes. Após o sétimo toque de trombeta, entram em cena sete novos anjos com sete taças da ira de Deus que são derramadas sobre a terra; mais uma vez, novas pragas e castigos, em grande parte uma penosa repetição de coisas já acontecidas várias vezes. Então vem a mulher, Babilônia, a grande prostituta, sentada com seu vestido escarlate sobre as águas, embriagada com o sangue dos santos e mártires por Jesus, que é a grande cidade sobre as sete colinas que reina sobre todos os reis da terra. Ela está montada numa besta de sete cabeças e dez chifres. As sete cabeças representam sete colinas, mas também sete "reis". Cinco desses reis já passaram, um está reinando e o sétimo ainda virá, e depois dele retornará um dos primeiros cinco, que tinha sido ferido de morte, mas se recuperou. Este reinará sobre a terra durante 42 meses ou três anos e meio (metade das semanas-ano de sete anos), perseguirá os crentes até a morte e fará com que a impiedade impere. Depois disso, porém, acontecerá a grande batalha decisiva, os santos e mártires serão vingados mediante a destruição da grande prostituta Babilônia e de todos os seus adeptos, isto é, a esmagadora maioria da humanidade; o diabo será lançado no abismo e ficará encerrado lá por mil anos, durante os quais Cristo conduzirá o império com os mártires ressuscitados da morte. Mas, depois de mil anos, o diabo será solto novamente e haverá uma grande batalha espiritual, na qual ele será derrotado definitivamente. Em seguida, ocorrerá a segunda ressurreição, na qual os demais mortos também despertarão e comparecerão perante o tribunal de Deus (*não* de Cristo, bem entendido), sendo que os crentes ingressarão em um novo céu, em uma nova terra e em uma nova Jerusalém para viver eternamente.

Por ter sido construída exclusivamente com material judaico pré-cristão, toda essa estrutura oferece quase só concepções puramente judaicas. A partir do momento em que o povo de Israel começou a ir mal neste mundo, ou seja, da tributação assíria e babilônica, da destruição dos dois reinos de Israel e Judá até a servidão selêucida, ou seja, de Isaías até Daniel, toda vez que há tribulação, é profetizado um redentor. Em Daniel 12,1-3, já se encontra uma profecia do descenso de Miguel, o anjo da guarda dos judeus, que os salvará de uma grande tribulação; muitos mortos ressuscitarão, haverá uma espécie de juízo final e os mestres que encaminharem o povo para a justiça brilharão como as estrelas eternamente. O único aspecto cristão é a ênfase incisiva no reino de Cristo iminente e a glória dos crentes ressuscitados, em especial dos mártires.

Devemos a interpretação dessa profecia, na medida em que se refere a acontecimentos daquela época, à crítica alemã, sobretudo a Ewald, Lücke e Ferdinand Benary. Renan a tornou acessível a círculos não teológicos. Já vimos que a grande prostituta Babilônia significa Roma, a cidade das sete colinas. A respeito da besta no qual ela está montada, consta em 17,9-11:

> As sete cabeças [da besta] são sete montes, nos quais a mulher está sentada. São também sete reis, dos quais cinco caíram, um existe e o outro ainda não chegou; e, quando chegar, tem de durar pouco tempo. E a besta, que era e não é mais, é também o oitavo rei, mas faz parte dos sete, e caminha para a destruição.

De acordo com isso, a besta é o Império Romano, representado por sete imperadores sucessivos, um dos quais foi ferido de morte e não governa mais, mas é curado e retornará, para consumar, como oitavo rei, o império da blasfêmia e da renitência contra Deus.

> Foi-lhe permitido que lutasse contra os santos e os vencesse. [...] E a besta será adorada por todos os que habitam sobre a terra, aqueles que, desde a fundação do mundo, não tiveram os seus nomes escritos no Livro da Vida. [...] A todos, os pequenos e os grandes, os ricos e os pobres, os livres e os escravos, faz com que lhe seja dada certa marca na mão direita ou na testa, para que ninguém possa comprar ou vender, senão aquele que tem a marca, o nome da besta ou o número do seu nome. Aqui está a sabedoria. Aquele que tem entendimento calcule o número da besta, porque é número de ser humano. E esse número é 666. (13,7-18)

Vamos, assim, apenas constatar que aqui o boicote é mencionado como medida adotada contra os cristãos pela potência mundial romana – logo, é manifestamente uma invenção do diabo – e passaremos a tratar da questão referente a quem é esse imperador romano que reinou no passado, foi ferido de morte e posto de lado, mas retornará como o oitavo da série e desempenhará o papel de Anticristo.

Começando pelo primeiro, Augusto, temos o segundo, Tibério, o terceiro, Calígula, o quarto, Cláudio, o quinto, Nero, o sexto, Galba. "Cinco caíram, um existe." Dessa forma, Nero já caiu, Galba está aí. Galba reinou de 9 de junho de 68 até 15 de janeiro de 69. Porém, logo após sua entronização, houve o levante das legiões estacionadas ao longo do Reno sob o comando de Vitélio, enquanto em outras províncias outros comandantes preparavam sublevações militares. Na própria Roma, os pretorianos se revoltaram, mataram Galba e alçaram Oto ao posto de imperador.

Disso resulta que o nosso Apocalipse foi escrito sob Galba. Provavelmente no final de seu governo. Ou, no mais tardar, durante os três meses (até 15 de abril de 69) da regência de Oto, "o sétimo". Mas quem é o oitavo, que foi e não é? Sobre isso nos esclarece o número 666.

Naquela época, estava em voga entre os semitas – caldeus e judeus – uma arte mágica que se baseava no significado duplo das letras. Desde mais ou menos trezentos anos antes da nossa contagem do tempo, as letras hebraicas também foram usadas como símbolos numéricos: a = 1, b = 2, g = 3, d = 4 e assim por diante. Ora, os adivinhos da Cabala somavam linearmente os numerais representados pelas letras de um nome e procuravam profetizar a partir disso, por exemplo, pela composição de palavras ou associações de palavras de mesmo valor numérico que permitiam tirar conclusões sobre o futuro do portador do nome. Do mesmo modo, eram expressas nessa linguagem numérica palavras secretas e coisas desse tipo. Essa arte era denominada com uma palavra grega: *gematriah*, geometria; os caldeus, que a praticavam como negócio e são chamados de *mathematici* por Tácito, foram expulsos de Roma sob Cláudio e mais tarde outra vez sob Vitélio, supostamente por causarem "grave desordem".

Foi por meio dessa matemática que surgiu o nosso número 666. Por trás dele se esconde o nome de um dos primeiros cinco imperadores romanos. Contudo, além do número 666, Irineu[2], no final do século II, conhecia uma variante, que é o número 616, que, em todo caso, tinha surgido em uma época em que muitos ainda conheciam o enigma do número. Se a solução a ser apresentada corresponder igualmente aos dois números, ficará provada sua exatidão.

Ferdinand Benary, de Berlim, apresentou a solução. O nome é Nero. O número está baseado na expressão רסק נורנ, *Neron Kesar*, a escrita hebraica, acreditada por inscrições talmúdicas e palmirenses, do nome grego *Nerôn Kaîsar*, César Nero, que era a inscrição das moedas de Nero cunhadas no lado oriental do império. A saber, n (*nun*) = 50, r (*rej*) = 200, v (*vav*) para o = 6, n (*nun*) = 50, k (*kof*) = 100, s (*sameq*) = 60 e r (rej) = 200, total = 666. Porém, se tomarmos como base a escrita latina *Nero Caesar*, cai fora o segundo *nun* = 50, resultando em 666 - 50 = 616, a variante de Irineu.

De fato, no período de Galba, todo o Império Romano foi acometido de repentina confusão. O próprio Galba tinha marchado contra Roma à frente das legiões espanholas e gálicas para derrubar Nero; este fugiu e ordenou a um liberto que o matasse. Entretanto, contra Galba conspiraram não só os pretorianos em Roma mas também os comandantes nas províncias; em toda parte, novos pretendentes ao trono se anunciavam e faziam preparativos para partir na direção da capital com suas legiões. O império parecia estar entregue à guerra intestina e sua desagregação parecia iminente. E, para cúmulo, espalhou-se o boato, principalmente no Oriente, de que Nero não estaria morto, apenas ferido, que se teria refugiado entre os partos e que atravessaria o Eufrates com uma força militar para inaugurar um reinado de terror ainda mais sangrento. Em especial a Acaia e a Ásia se angustiavam com tais relatos. E, justamente na época em que deve ter sido escrito o Apocalipse, surgiu um falso Nero, que se fixou com um séquito bastante numeroso nas proximidades de Patmos e da

---

[2] Irineu, *Cinco livros contra todas as heresias ou Desmascarando e refutando a falsa gnose*, livro V, cap. 28-30. (N. E. A.)

*Sobre a história do cristianismo primitivo*

Ásia Menor, mais exatamente na ilha de Citnos, no Mar Egeu (a atual Térmia), até ser morto ainda sob Oto. Seria de admirar que se tenha espalhado entre os cristãos, contra os quais Nero iniciara a primeira grande perseguição, a opinião de que ele retornaria como Anticristo, e de que seu retorno e, em necessária conexão com este, a tentativa recrudescida de extermínio sangrento da nova seita seriam o presságio e o prelúdio do retorno de Cristo, da grande batalha vitoriosa contra as potências do inferno, do reino milenar a ser instaurado "em breve", cuja expectativa certa fazia com que os mártires caminhassem alegremente para a morte?

A literatura cristã e de influência cristã dos dois primeiros séculos contém suficientes indícios de que o segredo do número 666 era conhecido por muitas pessoas. No entanto, Irineu não o conhecia mais, mas ele, a exemplo de muitos outros até o final do século III, também sabia que a besta do Apocalipse é referência a Nero retornando. Em seguida, também esse indício se perdeu e nosso escrito sucumbiu à interpretação fantasiosa de futurólogos ortodoxos; eu mesmo, ainda criança, conheci pessoas idosas que esperaram o fim do mundo e o juízo final para o ano de 1836, de acordo com cálculos do velho Johann Albrecht Bengel. A profecia se cumpriu exatamente naquele ano. Só que o juízo final não atingiu o mundo pecaminoso, mas os próprios piedosos intérpretes do Apocalipse. Pois, nesse mesmo ano de 1836, F. Benary forneceu a chave do número 666, dando um fim terrível a todas as calculações divinatórias, a essa nova *gematriah*.

Quanto ao reino celestial reservado aos crentes, o nosso João só consegue fazer uma descrição muito superficial. Contudo, a nova Jerusalém é projetada com dimensões bastante avantajadas para os conceitos da época, um quadrilátero de 12 mil estádios = 2.227 quilômetros de comprimento nas laterais, ou seja, uma área de cerca de cinco milhões de quilômetros [quadrados], mais do que a metade dos Estados Unidos da América, construída de puro ouro e pedras preciosas. Ali Deus mora com os seus, iluminando-os no lugar do Sol, e não há mais morte nem sofrimento nem dor; um rio de água viva flui através da cidade, em cujas margens crescem árvores da vida que produzem doze tipos de frutas que amadurecem mensalmente; as folhas, por sua vez, "são para a cura dos povos" (na opinião de Renan, como uma espécie de chá medicinal (*L'Antechrist*, p. 542)). Nela os santos viverão eternamente.

Assim era o cristianismo na Ásia Menor, sua sede principal em torno do ano de 68, na medida em que o conhecemos. Nem sinal de uma trindade – pelo contrário, o velho, único e indivisível Jeová do judaísmo tardio, no qual ele se alça da condição de Deus nacional dos judeus à de único Deus supremo do céu e da terra, reivindicando o domínio sobre todos os povos, prometendo graça aos convertidos, espatifando impiedosamente os renitentes, fiel ao antigo dito *parcere subjectis ac debellare superbos* [poupar os submissos e derrotar os soberbos]. Nessa linha, quem se assenta para o juízo final é esse Deus mesmo e não Cristo, como nas descrições posteriores dos evangelhos e das cartas. Correspondendo à doutrina das emanações de origem persa, corriqueira no judaísmo tardio, Cristo, o Cordeiro, emanou dele desde a eternidade, do mesmo modo, só que num grau hierárquico mais baixo, que os "sete espíritos de Deus", cuja existência se deve à compreensão equivocada de uma passagem poética (Isaías 11,2). Nenhum deles é Deus nem eles são iguais a Deus, mas subordinados a ele. O Cordeiro oferece a si mesmo como sacrifício expiatório pelos pecados do mundo e, em compensação, é expressamente promovido no céu a um grau mais elevado; pois, em todo o livro, essa sua morte sacrificial voluntária lhe é atestada como um ato extraordinário e não como algo que decorre necessariamente de sua essência íntima. É claro que não falta a corte celestial completa, formada por anciãos, querubins, anjos e santos. Para se tornar uma religião, o monoteísmo sempre teve de fazer concessões ao politeísmo, desde os tempos do Zendavesta[3]. Entre os judeus, a reincidência no culto aos deuses

---

[3] *Zendavesta*: renomeação incorreta da Avesta, ocorrida nos séculos XVIII e XIX, o livro sagrado da religião de Zoroastro, disseminado na Pérsia antiga, no Azerbaijão e na Ásia central. A religião de Zoroastro se baseava na ideia dualista da luta entre

pagãos sensuais perdura cronicamente, até que, após o exílio, a corte celestial segundo o modelo persa[4] promove uma maior aproximação entre a religião e a fantasia popular. E o próprio cristianismo, mesmo depois de ter posto no lugar do Deus judeu cristalizado, eternamente igual a si mesmo, o misterioso Deus triúno, diferenciado em si mesmo, só conseguiu afastar das massas populares o culto aos velhos deuses quando o substituiu pelo culto aos santos; pois, segundo Fallmerayer, foi só em torno do século IX que o culto a Júpiter se extinguiu no Peloponeso, na Maina, na Arcádia (*Geschichte der Halbinsel Morea*, v. I, p. 227). O período burguês moderno e seu protestantismo foi o primeiro a descartar os santos e finalmente levar a sério o monoteísmo diferenciado.

O nosso escrito tampouco conhece a doutrina do pecado hereditário/original ou a da justificação pela fé. A fé dessas primeiras comunidades combativas é de natureza bem diferente da fé da igreja vitoriosa posterior: ao lado do sacrifício expiatório do Cordeiro, o retorno iminente de Cristo e o reino milenar a irromper em breve constituem seu conteúdo mais essencial, e essa fé se comprova pela propaganda ativa, pela luta incessante contra o inimigo externo e interno, pela confissão altiva e alegre do ponto de vista revolucionário diante dos juízes pagãos, pelo martírio convicto da vitória.

Vimos que o autor ainda não está ciente de ser alguém diferente de um judeu. De acordo com isso, em lugar nenhum o livro faz menção ao batismo, como também muita coisa indica que o batismo é uma instituição do segundo período cristão. Os 144 mil judeus crentes são

---

o bem e o mal no mundo. Supõe-se que a Avesta tenha surgido entre o século IX a. C. e os séculos III e IV d. C. (N. E. A.)

[4] Alusão ao assim chamado "exílio babilônico" (ou "cativeiro babilônico") dos antigos hebreus no século VI a. C. A remoção forçada da nobreza, do funcionalismo, dos comerciantes e dos artífices para a Babilônia aconteceu após a tomada de Jerusalém (587 a. C.) e a destruição definitiva do reino de Judá pelo regente babilônico Nabucodonosor (586 a. C.). Na década de 30 do século VI a. C., sob o regente persa Ciro, que havia conquistado a Babilônia, a maior parte dos hebreus em cativeiro teve a oportunidade de retornar à sua pátria. (N. E. A.)

"selados", e não batizados. A respeito dos santos no céu e dos crentes na terra se diz que teriam lavado seus pecados, lavado e alvejado suas roupas brancas no sangue do Cordeiro; não se fala da água batismal. Os dois profetas que antecedem o aparecimento do Anticristo (cap. 11) tampouco batizam e, de acordo com Apocalipse 19,10, o testemunho de Jesus não é o batismo, mas o espírito da profecia. Em todas essas oportunidades, teria sido natural mencionar o batismo, caso ele já vigorasse naquele tempo; portanto, podemos concluir quase com certeza absoluta que nosso autor não o conhecia, que ele só aflorou quando os cristãos se separaram definitivamente dos judeus.

O autor tampouco sabe algo do posterior segundo sacramento, a santa ceia. Quando, segundo a tradução de Lutero, Cristo promete entrar na casa de todo membro da comunidade de Tiatira[5] que perseverar na fé e celebrar a santa ceia com ele, isso dá uma falsa impressão. No grego consta *deipnéso*, cearei (com ele), o que a Bíblia inglesa traduz corretamente como "I shall *sup* with him". Absolutamente não se fala aqui da santa ceia como simples ceia memorial.

Não pode haver dúvida de que o nosso livro, em vista de sua datação tão singularmente acreditada no ano de 68 ou 69, é o mais antigo de toda a literatura cristã. Nenhum outro foi escrito numa linguagem tão bárbara, repleta de hebraísmos, construções frasais impossíveis e erros gramaticais. Por exemplo, no cap. 1,4, consta literalmente: "Graça a vocês e paz [d]aquele que é, [d]aquele que era e [d]aquele que virá"[6]. Só teólogos profissionais ou outros historiadores interessados ainda duvidam de que os evangelhos e os Atos dos Apóstolos sejam reelaborações tardias de escritos perdidos, cujo tênue núcleo histórico já não se consegue identificar sob as excrescências fabulosas, e de que até as poucas cartas apostólicas que, segundo Bauer, são supostamente "autênticas", sejam escritos posteriores ou, na melhor das hipóteses,

---

[5] Mais precisamente, os da comunidade de *Laodiceia* (Apocalipse 3,20). (N. T.)
[6] Nessa frase, o autor bíblico comete erros de concordância relacionados com a declinação de pronomes gregos que não se consegue imitar tal e qual no português. (N. T.)

reelaborações de obras mais antigas de autores desconhecidos, modificadas por meio de acréscimos e de inserções[7]. Tanto mais importante é que temos aqui um livro cuja data de redação está fixada quase no nível do mês, um livro que nos apresenta o cristianismo em sua forma não desenvolvida, na forma em que ele está para a religião de Estado, completamente elaborada na dogmática e mitologia do século IV, mais ou menos como a mitologia ainda oscilante dos germanos de Tácito está para a doutrina dos deuses da *Edda*, composta sob a influência de elementos cristãos e arcaicos[8]. O embrião da religião mundial está presente, mas esse embrião ainda inclui indistintamente milhares de possibilidades de desenvolvimento que se concretizaram nas inúmeras seitas posteriores. E, justamente por isso, essa peça mais antiga do processo de formação do cristianismo é especialmente valiosa para nós, porque nos proporciona com toda a pureza o aporte do judaísmo ao cristianismo – sob forte influência alexandrina. Tudo o que vem depois é adição ocidental, greco-romana. Somente por mediação da religião monoteísta judaica o monoteísmo erudito da posterior filosofia vulgar grega pôde assumir a única forma religiosa em que foi capaz de tomar conta das massas. Uma vez feita essa mediação, ele só pôde tornar-se religião mundial no mundo greco-romano, desenvolvendo-se dentro do ideário por ele conquistado e amalgamando-se com ele.

---

[7] Na tradução autorizada, publicada pela revista *Le Devenir social*, essa parte da frase tem o seguinte teor: "que as três ou quatro cartas apostólicas que a Escola de Tübingen ainda encara como autênticas não passam de escritos de uma época posterior, como comprovou Bruno Bauer em sua análise minuciosa". (N. E. A.)

[8] *"Edda"*: coletânea de sagas e canções mitológicas de heróis dos povos escandinavos. Ela foi conservada na forma de um manuscrito do século XIII, descoberto em 1643 pelo bispo islandês Sveinsson (a "Edda mais antiga"), bem como na forma de um tratado sobre a poesia dos escaldos, composta no início do século XIII pelo poeta e cronista Snorri Sturluson (a "Edda mais recente"). As canções da "Edda" refletem a sociedade escandinava no período da decadência da ordem gentílica e da migração dos povos. Encontramos nelas personagens e fábulas das tradições dos antigos germanos. (N. E. A.)

# Karl Marx

## Teses sobre Feuerbach (1845)
[Com alterações e edição de Engels, 1888]

1

O principal defeito de todo o materialismo existente até agora – o de Feuerbach incluído – é que o objeto [*Gegenstand*], a realidade, o sensível, só é apreendido sob a forma do *objeto* [*Objekt*] ou da *contemplação*; mas não como *atividade humana sensível*, como *prática*, não subjetivamente. Daí decorreu que o lado *ativo*, em oposição ao materialismo, foi desenvolvido pelo idealismo – mas apenas de modo abstrato, pois naturalmente o idealismo não conhece a atividade real, sensível, como tal. Feuerbach quer objetos sensíveis [*sinnliche Objekte*] efetivamente diferenciados dos objetos do pensamento; mas ele não apreende a própria atividade humana como atividade *objetiva* [*gegenständliche Tätigkeit*]. Razão pela qual ele enxerga, na *Essência do cristianismo*, apenas o comportamento teórico como o autenticamente humano, enquanto a prática é apreendida e fixada apenas em sua forma de manifestação judaica-suja. Ele não entende, por isso, o significado da atividade "revolucionária", "prático-crítica".

2

A questão de saber se ao pensamento humano cabe alguma verdade objetiva [*gegenständliche Wahrheit*] não é uma questão da teoria, mas uma questão *prática*. Na prática tem o homem de provar a verdade, isto é, a realidade e o poder, a natureza interior [*Diesseitigkeit*] de seu pensamento. A disputa acerca da realidade ou não realidade de um pensamento que se isola da prática é uma questão puramente *escolástica*.

### 3

A doutrina materialista de que os homens são produto das circunstâncias e da educação, de que homens modificados são, portanto, produto de outras circunstâncias e de uma educação modificada, esquece que as circunstâncias são modificadas precisamente pelos homens e que o próprio educador tem de ser educado. Por isso, ela necessariamente chega ao ponto de dividir a sociedade em duas partes, a primeira das quais está colocada acima da sociedade (por exemplo, em Robert Owen).

A coincidência entre a alteração das circunstâncias e a atividade humana só pode ser apreendida e racionalmente entendida como *prática revolucionária*.

### 4

Feuerbach parte do fato da autoalienação [*Selbsentfremdung*] religiosa, da duplicação do mundo num mundo religioso, imaginado, e num mundo real [*wirkliche Welt*]. Seu trabalho consiste em dissolver o mundo religioso em seu fundamento mundano. Ele ignora que, após a realização desse trabalho, o principal resta ainda por fazer. Sobretudo o fato de que o fundamento mundano se destaca de si mesmo e constrói para si um reino autônomo nas nuvens é, precisamente, algo que só pode ser esclarecido a partir do autoesfacelamento e do contradizer-a-si-mesmo desse fundamento mundano. Ele mesmo tem, portanto, de ser primeiramente entendido em sua contradição e, em seguida, por meio da eliminação da contradição, ser revolucionado na prática. Assim, por exemplo, depois que a terrena família é revelada como o mistério da sagrada família, é a primeira que tem, então, de ser criticada na teoria e revolucionada na prática.

## 5

Feuerbach, não satisfeito com o *pensamento abstrato*, apela à *contemplação sensível*; mas ele não apreende o sensível [*die Sinnlichkeit*] como atividade *prática*, humano-sensível.

## 6

Feuerbach dissolve a essência religiosa na essência *humana*. Mas a essência humana não é uma abstração intrínseca ao indivíduo isolado. Em sua realidade, ela é o conjunto das relações sociais.

Feuerbach, que não penetra na crítica dessa essência real, é forçado, por isso:

1. a fazer abstração do curso da história, fixando o sentimento religioso para si mesmo, e a pressupor um indivíduo humano abstrato – *isolado*.
2. por isso, nele a essência humana pode ser compreendida apenas como *"gênero"*, como generalidade interna, muda, que une muitos indivíduos *de* modo meramente *natural*.

## 7

Feuerbach não vê, por isso, que o "sentimento religioso" é, ele mesmo, um *produto social*, e que o indivíduo abstrato que ele analisa pertence, na realidade, a uma determinada forma de sociedade.

## 8

A vida social é essencialmente *prática*. Todos os mistérios que induzem a teoria ao misticismo encontram sua solução racional na prática humana e na compreensão dessa prática.

9

O ponto mais alto a que leva o materialismo *contemplativo*, isto é, o materialismo que não concebe o sensível como atividade prática, é a contemplação dos indivíduos singulares na "sociedade burguesa".

10

O ponto de vista do velho materialismo é a sociedade *"burguesa"*; o ponto de vista do novo é a sociedade *humana*, ou a humanidade socializada.

11

Os filósofos apenas *interpretaram* o mundo de diferentes maneiras; porém, o que importa é *transformá*-lo.

# ÍNDICE ONOMÁSTICO

**Apiano** (95-165) – Historiador grego do século II d.C., escreveu uma história de Roma em 24 volumes, umas das principais fontes para estudo da história romana antiga. 81

**Bakunin, Michail Alexandrovitsch** (1814--1876) – Revolucionário russo. Inicialmente hegeliano de esquerda, depois anarquista, adversário do marxismo. Entrou para a Internacional em 1869, sendo dela expulso em 1872, no congresso de Haia. 42, 67

**Bauer, Bruno** (1809-1882) – Filósofo alemão, pesquisador da religião e da história; foi da corrente ortodoxa da escola hegeliana e, após 1839, um dos principais teóricos dos jovens hegelianos; conhecido por sua crítica bíblica. 42, 44, 67, 100-1, 122

**Bayle, Pierre** (1647-1706) – Filósofo francês, cético, crítico do dogmatismo religioso. 85

**Berthelot, Pierre-Eugène-Marcelin** (1827--1907) – Químico e político francês; trabalhou no campo da química orgânica, da química térmica e da agroquímica; escreveu sobre a história da alquimia. 59

**Blanc, Jean Joseph Charles Louis** (1811--1882) – Republicano de tendências socialistas e historiador francês. Foi ministro no governo provisório de 1848 e deputado durante a Segunda República. Atuou contra a Comuna de Paris durante seu mandato na Assembleia Nacional de 1871. 58

**Bourbon** – Antiga dinastia da Europa, à qual pertenceram reis de diversos países, sobretudo da França e da Espanha. A casa de Bourbon governou na França entre 1589 e 1792, nos anos de 1814 e 1815 e entre 1815 e 1830. 77

**Büchner, Ludwig** (1824-1899) – Médico alemão, palestrante e autor de livros de ciência natural e filosofia; defensor de um materialismo e de um ateísmo baseados na ciência natural; darwinista e atomista. 50

**Calvino, João** (1509-1564) – Teólogo cristão francês influente no período da reforma protestante, criador do preceito religioso conhecido como "predestinação". 84

**Darwin, Charles** (1809-1882) – Naturalista inglês que concebeu a teoria da evolução das espécies pelo processo da seleção natural; recolheu uma impressionante quantidade de dados geológicos, botânicos e zoológicos, cuja ordenação e sistematização ocupou vários anos de sua vida até a completa formulação de sua teoria da evolução. 53, 72

**Descartes, René** (1596-1650) – Filósofo francês, um dos principais expoentes da filosofia moderna. Pelo seu *cogito* racionalista, concebeu algumas das principais proposições que influenciaram diversas gerações de filósofos modernos das mais variadas linhas. Deu início às suas reflexões pela busca de um novo método. Este não deveria ser mera ordenação e demonstração lógica de princípios já estabelecidos, mas, ao contrário, um caminho para a invenção e o descobrimento. 48, 51

**Diderot, Denis** (1713-1784) – Filósofo e literato francês que, junto com d'Alembert, dirigiu a *Enciclopédia*. 55

**Dietzgen, Josef** (1828-1888) – Filósofo, militante e operário alemão radicado nos Estados Unidos, foi um dos primeiros defensores do materialismo dialético no século XIX. 70

**Feuerbach, Ludwig** (1804-1872) – Importante representante do movimento neo-hegeliano que, embora tenha influenciado a trajetória marxiana em sua ruptura com a filosofia especulativa, é depois duramente criticado não apenas nas "Teses", mas, sobretudo, em *A ideologia alemã*, exatamente por conta da incompreensão do papel da atividade sensível e seu modo de conceber, especulativamente, o gênero ou essência humana. Filósofo; crítico de Hegel e da religião. 31-2, 43-4, 47-9, 52-4, 56-67, 125-7

**Frederico Guilherme III** (1770-1840) – Rei da Prússia (1797 a 1840); sobrinho-neto de Frederico II; pertencente à dinastia de Hohenzollern. 34, 38

**Frederico Guilherme IV** (1795-1861) – Rei da Prússia de 1840 até a sua morte em 1861; filho de Frederico Guilherme III. 41

**Galle, Johann** (1812-1910) – Astrônomo alemão, descobriu o planeta Netuno em 1846. Foi diretor do Observatório de Berlim e professor de astronomia na Universidade de Breslau. 48

**Goethe, Johann Wolfgang von** (1749-1832) – Escritor, poeta, naturalista e pensador alemão, foi um dos baluartes do Romantismo Europeu e um dos mentores do movimento *Sturm und Drang* [Tempestade e Ímpeto]. Trouxe ao mundo obras como *Os sofrimentos do jovem Werther* e *Fausto*. 38, 52

**Grün, Karl** (1817-1887) – Jornalista, filósofo e socialista alemão, foi um dos principais representantes do "socialismo verdadeiro" na década de 1840. 44

**Guizot, François Pierre Guillaume** (1787--1874) – Historiador e estadista francês. Entre 1840 e 1848, foi ministro do Exterior da França. 77

**Hegel, Georg Wilhelm Friedrich** (1770-1831) – Filósofo e professor na Universidade de Berlim, foi figura de destaque do Idealismo Alemão. Seu pensamento exerceu grande influência sobre Engels e Marx. 31, 34-40, 44, 46-9, 51-2, 54, 60-1, 67-71, 73, 75, 79

**Heine, Christian Johann Heinrich** (1797-1856) – Poeta romântico, jornalista e ensaísta alemão, bastante crítico da sociedade de sua época. Foi amigo de Marx e Engels. 109

**Hobbes, Thomas** (1588-1679) – Filósofo inglês; representante do materialismo e do Iluminismo inicial; adepto do princípio do direito natural. 48

**Hume, David** (1711-1776) – Filósofo, historiador e economista escocês; fundador do novo agnosticismo. 47-8

**Kant, Immanuel** (1724-1804) – Filósofo e professor em Königsberg; pensador alemão que definiu o filósofo como "legislador em nome da razão humana", autor de obras seminais como *Crítica da razão pura*, *Crítica da razão prática* e *Crítica do juízo*. 36, 47-9, 54, 65

**Kopp, Hermann Franz Moritz** (1817-1892) – Químico alemão e historiador da química; aluno de Liebig, professor de Carl Schorlemmer; introduziu novos métodos de medição física na química. 59

**Lamarck, Jean-Baptiste Pierre Antoine de Monet** (1744-1829) – Pesquisador da natureza francês; realizou trabalhos sistemáticos em florística e zoologia; em 1809, fundamentou a mais importante teoria da evolução do mundo orgânico anterior a Darwin; também produziu trabalhos sobre geologia e meteorologia. 52

## Índice onomástico

**Luís XIV** (1638-1715) – Rei da França (1643--1715), conhecido por gastos extravagantes das finanças francesas em graves períodos de crise. Construiu o palácio de Versalhes e fortaleceu o Exército francês. 85

**Lutero, Martinho** (1483-1546) – Teólogo alemão; desencadeou a Reforma; principal representante da corrente moderada na revolução pré-burguesa. 84, 122

**Marx, Karl** (1818-1883) – Filósofo, economista e político comunista alemão. 31-2, 43, 66, 68, 125-7

**Mignet, François** (1796-1884) – Historiador francês. Escreveu o livro *Histoire de la Révolution française*, considerado uma das obras clássicas sobre o assunto. 77

**Moleschott, Jakob** (1822-1893) – Fisiologista holandês; atuou em Heidelberg, Zurique, Turim e Roma; defendeu uma visão de mundo mecânico-materialista e uma teoria do conhecimento materialista vulgar. 50

**Napoleão Bonaparte** (1769-1821) – General francês, primeiro-cônsul da república francesa entre 1799 e 1804 e imperador da França entre 1804 e 1814. 58

**Owen, Robert** (1771-1858) – Pensador britânico; personalidade representativa do socialismo utópico do início do século XIX, criou várias comunidades industriais; influiu no progresso das ideias dos operários ingleses; defendeu inovações pedagógicas como o jardim de infância, a escola ativa e os cursos noturnos. 126

**Proudhon, Pierre-Joseph** (1809-1865) – Filósofo político e econômico francês, considerado um dos mais influentes autores anarquistas. 67

**Radamanto** – Um dos juízes dos mortos na mitologia grega. 64

**Renan, Ernest** (1823-1892) – Escritor, filólogo e historiador francês. Professor do Collège de France. Autor da obra *Vida de Jesus*. 67, 93, 99, 102, 107, 116, 120

**Robespierre, Maximilien de** (1758-1794) – Político, advogado e revolucionário francês. Uma das figuras centrais da Revolução Francesa. 59

**Rousseau, Jean-Jacques** (1712-1778) – Pensador e teórico político suíço, é um dos ícones do Iluminismo francês. Sua teoria sobre a liberdade ser inerente à natureza humana o tornou inspirador de movimentos liberais, do marxismo e do anarquismo. 55

**Schiller, Friedrich** (1759-1805) – Poeta, médico, pensador e historiador alemão, foi um dos ícones da literatura romântica da Alemanha no século XVIII. 54

**Starcke, Carl Nicolai** (1858-1926) – Filósofo e sociólogo dinamarquês. 32-3, 49, 54-7, 61, 63

**Stirner, Max** (pseudônimo de **Johann Caspar Schmidt**) (1806-856) – Filósofo e jornalista alemão, jovem hegeliano, ideólogo do individualismo e do anarquismo. 42, 67

**Strauss, David Friedrich** (1808-1874) – Filósofo e teólogo alemão; hegeliano de esquerda; sua obra abriu um novo campo de interpretação bíblica, ao explicar mitologicamente – e interpretar historicamente – os relatos sobre a vida de Jesus. 42, 44, 67, 99

**Thierry, Augustin** (1795-1856) – Historiador francês, foi um dos fundadores da escola romântica da história. Escreveu sobre a história da França medieval, enfatizando o papel do povo na formação da nação. Foi deputado da Assembleia Nacional de 1831 a 1834. 77

**Thiers, Adolphe** (1797-1877) – Político e historiador francês, orleanista; ministro em 1832-1834, primeiro-ministro em 1836--1840; em 1848, deputado da Assembleia Nacional Constituinte; em 1871-1873, presidente da Terceira República. 77

**Vogt, Karl** (1817-1895) – Pesquisador da natureza alemão e popularizador da ciência; democrata, foi deputado da Assembleia

Nacional de Frankfurt em 1849 e membro da regência provisória do Reich; em 1849, emigrou para a Suíça; adversário dos movimentos proletário e comunista; nas décadas de 1850 e 1860, tornou-se propagandista de visões bonapartistas. 50

**Voltaire** (pseudônimo de **Francois-Marie Arouet**) (1694-1789) – Filósofo, escritor e historiador francês; um dos principais representantes do Iluminismo. 55, 85, 94

**Zeus** – Deus grego, rei dos deuses. 38

# CRONOLOGIA RESUMIDA DE MARX E ENGELS

| | Karl Marx | Friedrich Engels | Fatos históricos |
|---|---|---|---|
| 1818 | Em Trier (capital da província alemã do Reno), nasce Karl Marx (5 de maio), o segundo de oito filhos de Heinrich Marx e Enriqueta Pressburg. Trier na época era influenciada pelo liberalismo revolucionário francês e pela reação ao Antigo Regime, vinda da Prússia. | | Simón Bolívar declara a Venezuela independente da Espanha. |
| 1820 | | Nasce Friedrich Engels (28 de novembro), primeiro dos oito filhos de Friedrich Engels e Elizabeth Franziska Mauritia van Haar, em Barmen, Alemanha. Cresce no seio de uma família de industriais religiosa e conservadora. | George IV se torna rei da Inglaterra, pondo fim à Regência. Insurreição constitucionalista em Portugal. |
| 1824 | O pai de Marx, nascido Hirschel, advogado e conselheiro de Justiça, é obrigado a abandonar o judaísmo por motivos profissionais e políticos (os judeus estavam proibidos de ocupar cargos públicos na Renânia). Marx entra para o Ginásio de Trier (outubro). | | Simón Bolívar se torna chefe do Executivo do Peru. |
| 1830 | Inicia seus estudos no Liceu Friedrich Wilhelm, em Trier. | | Estouram revoluções em diversos países europeus. A população de Paris insurge-se contra a promulgação de leis que dissolvem a Câmara e suprimem a liberdade de imprensa. Luís Filipe assume o poder. |
| 1831 | | | Em 14 de novembro, morre Hegel. |

| | Karl Marx | Friedrich Engels | Fatos históricos |
|---|---|---|---|
| 1834 | | Engels ingressa, em outubro, no Ginásio de Elberfeld. | A escravidão é abolida no Império Britânico. Insurreição operária em Lyon. |
| 1835 | Escreve "Reflexões de um jovem perante a escolha de sua profissão". Presta exame final de bacharelado em Trier (24 de setembro). Inscreve-se na Universidade de Bonn. | | Revolução Farroupilha, no Brasil. O Congresso alemão faz moção contra o movimento de escritores Jovem Alemanha. |
| 1836 | Estuda Direito na Universidade de Bonn. Participa do Clube de Poetas e de associações estudantis. No verão, fica noivo em segredo de Jenny von Westphalen, sua vizinha em Trier. Em razão da oposição entre as famílias, casar-se-iam apenas sete anos depois. Matricula-se na Universidade de Berlim. | Na juventude, fica impressionado com a miséria em que vivem os trabalhadores das fábricas de sua família. Escreve "Poema". | Fracassa o golpe de Luís Napoleão em Estrasburgo. Criação da Liga dos Justos. |
| 1837 | Transfere-se para a Universidade de Berlim e estuda com mestres como Gans e Savigny. Escreve "Canções selvagens" e "Transformações". Em carta ao pai, descreve sua relação contraditória com o hegelianismo, doutrina predominante na época. | Por insistência do pai, Engels deixa o ginásio e começa a trabalhar nos negócios da família. Escreve "História de um pirata". | A rainha Vitória assume o trono na Inglaterra. |
| 1838 | Entra para o Clube dos Doutores, encabeçado por Bruno Bauer. Perde o interesse pelo direito e entrega-se com paixão ao estudo da filosofia, o que lhe compromete a saúde. Morre seu pai. | Estuda comércio em Bremen. Começa a escrever ensaios literários e sociopolíticos, poemas e panfletos filosóficos em periódicos como o *Hamburg Journal* e o *Telegraph für Deutschland,* entre eles o poema "O beduíno" (setembro), sobre o espírito da liberdade. | Richard Cobden funda a Anti-Corn-Law-League, na Inglaterra. Proclamação da Carta do Povo, que originou o cartismo. |
| 1839 | | Escreve o primeiro trabalho de envergadura, "Briefe aus dem Wuppertal" [Cartas de Wuppertal], sobre a vida operária em Barmen e na vizinha Elberfeld (*Telegraph für Deutschland,* primavera). Outros viriam, como "Literatura popular alemã", "Karl Beck" e "Memorabilia de Immermann". Estuda a filosofia de Hegel. | Feuerbach publica *Zur Kritik der Hegelschen Philosophie* [Crítica da filosofia hegeliana]. Primeira proibição do trabalho de menores na Prússia. Auguste Blanqui lidera o frustrado levante de maio, na França. |
| 1840 | K. F. Koeppen dedica a Marx seu estudo "Friedrich der Grosse und seine Widersacher" [Frederico, o Grande, e seus adversários]. | Engels publica "Réquiem para o Aldeszeitung alemão" (abril), "Vida literária moderna", no *Mitternachtzeitung* (março-maio) e "Cidade natal de Siegfried" (dezembro). | Proudhon publica *O que é a propriedade?* [Qu'est-ce que la propriété?]. |

*Cronologia resumida de Marx e Engels*

| | Karl Marx | Friedrich Engels | Fatos históricos |
|---|---|---|---|
| 1841 | Com uma tese sobre as diferenças entre as filosofias de Demócrito e Epicuro, Marx recebe em Iena o título de doutor em Filosofia (15 de abril). Volta a Trier. Bruno Bauer, acusado de ateísmo, é expulso da cátedra de teologia da Universidade de Bonn e, com isso, Marx perde a oportunidade de atuar como docente nessa universidade. | Publica "Ernst Moritz Arndt". Seu pai o obriga a deixar a escola de comércio para dirigir os negócios da família. Engels prosseguiria sozinho seus estudos de filosofia, religião, literatura e política. Presta o serviço militar em Berlim por um ano. Frequenta a Universidade de Berlim como ouvinte e conhece os jovens hegelianos. Critica intensamente o conservadorismo na figura de Schelling, com os escritos "Schelling sobre Hegel", "Schelling e a revelação" e "Schelling, filósofo em Cristo". | Feuerbach traz a público *A essência do cristianismo* [*Das Wesen des Christentums*]. Primeira lei trabalhista na França. |
| 1842 | Elabora seus primeiros trabalhos como publicista. Começa a colaborar com o jornal *Rheinische Zeitung* [Gazeta Renana], publicação da burguesia em Colônia, de que mais tarde seria redator. Conhece Engels, que na ocasião visitava o jornal. | Em Manchester, assume a fiação do pai, a Ermen & Engels. Conhece Mary Burns, jovem trabalhadora irlandesa, que viveria com ele até a morte dela. Mary e a irmã Lizzie mostram a Engels as dificuldades da vida operária, e ele inicia estudos sobre os efeitos do capitalismo no operariado inglês. Publica artigos no *Rheinische Zeitung*, entre os quais "Crítica às leis de imprensa prussianas" e "Centralização e liberdade". | Eugène Sue publica *Os mistérios de Paris*. Feuerbach publica *Vorläufige Thesen zur Reform der Philosophie* [Teses provisórias para uma reforma da filosofia]. O Ashley's Act proíbe o trabalho de menores e mulheres em minas na Inglaterra. |
| 1843 | Sob o regime prussiano, é fechado o *Rheinische Zeitung*. Marx casa-se com Jenny von Westphalen. Recusa convite do governo prussiano para ser redator no diário oficial. Passa a lua de mel em Kreuznach, onde se dedica ao estudo de diversos autores, com destaque para Hegel. Redige os manuscritos que viriam a ser conhecidos como *Crítica da filosofia do direito de Hegel* [*Zur Kritik der Hegelschen Rechtsphilosophie*]. Em outubro vai a Paris, onde Moses Hess e George Herwegh o apresentam às sociedades secretas socialistas e comunistas e às associações operárias alemãs. Conclui *Sobre a questão judaica* [*Zur Judenfrage*]. Substitui Arnold Ruge na direção dos *Deutsch-Französische Jahrbücher* [Anais Franco-Alemães]. Em dezembro inicia grande amizade com Heinrich Heine e conclui sua "Crítica da filosofia do direito de Hegel – Introdução" [*Zur Kritik der Hegelschen Rechtsphilosophie – Einleitung*]. | Engels escreve, com Edgar Bauer, o poema satírico "Como a Bíblia escapa milagrosamente a um atentado imprudente, ou o triunfo da fé", contra o obscurantismo religioso. O jornal *Schweuzerisher Republicaner* publica suas "Cartas de Londres". Em Bradford, conhece o poeta G. Weerth. Começa a escrever para a imprensa cartista. Mantém contato com a Liga dos Justos. Ao longo desse período, suas cartas à irmã favorita, Marie, revelam seu amor pela natureza e por música, livros, pintura, viagens, esporte, vinho, cerveja e tabaco. | Feuerbach publica *Grundsätze der Philosophie der Zukunft* [Princípios da filosofia do futuro]. |

*Friedrich Engels – Ludwig Feuerbach e o fim da filosofia clássica alemã*

|      | Karl Marx | Friedrich Engels | Fatos históricos |
| ---- | --- | --- | --- |
| 1844 | Em colaboração com Arnold Ruge, elabora e publica o primeiro e único volume dos *Deutsch-Französische Jahrbücher*, no qual participa com dois artigos: "A questão judaica" e "Introdução a uma crítica da filosofia do direito de Hegel". Escreve os *Manuscritos econômico-filosóficos* [*Ökonomisch-philosophische Manuskripte*]. Colabora com o *Vorwärts!* [Avante!], órgão de imprensa dos operários alemães na emigração. Conhece a Liga dos Justos, fundada por Weitling. Amigo de Heine, Leroux, Blanqui, Proudhon e Bakunin, inicia em Paris estreita amizade com Engels. Nasce Jenny, primeira filha de Marx. Rompe com Ruge e desliga-se dos *Deutsch-Französische Jahrbücher*. O governo decreta a prisão de Marx, Ruge, Heine e Bernays pela colaboração nos *Deutsch-Französische Jahrbücher*. Encontra Engels em Paris e em dez dias planejam seu primeiro trabalho juntos, *A sagrada família* [*Die heilige Familie*]. Marx publica no *Vorwärts!* artigo sobre a greve na Silésia. | Em fevereiro, Engels publica "Esboço para uma crítica da economia política" [Umrisse zu einer Kritik der Nationalökonomie], texto que influenciou profundamente Marx. Segue à frente dos negócios do pai, escreve para os *Deutsch-Französische Jahrbücher* e colabora com o jornal *Vorwärts!*. Deixa Manchester. Em Paris, torna-se amigo de Marx, com quem desenvolve atividades militantes, o que os leva a criar laços cada vez mais profundos com as organizações de trabalhadores de Paris e Bruxelas. Vai para Barmen. | O Graham's Factory Act regula o horário de trabalho para menores e mulheres na Inglaterra. Fundado o primeiro sindicato operário na Alemanha. Insurreição de operários têxteis na Silésia e na Boêmia. |
| 1845 | Por causa do artigo sobre a greve na Silésia, a pedido do governo prussiano Marx é expulso da França, juntamente com Bakunin, Bürgers e Bornstedt. Muda-se para Bruxelas e, em colaboração com Engels, escreve e publica em Frankfurt *A sagrada família*. Ambos começam a escrever *A ideologia alemã* [*Die deutsche Ideologie*], e Marx elabora "As teses sobre Feuerbach" [*Thesen über Feuerbach*]. Em setembro, nasce Laura, segunda filha de Marx e Jenny. Em dezembro, ele renuncia à nacionalidade prussiana. | As observações de Engels sobre a classe trabalhadora de Manchester, feitas anos antes, formam a base de uma de suas obras principais, *A situação da classe trabalhadora na Inglaterra* [*Die Lage der arbeitenden Klasse in England*] (publicada primeiramente em alemão; a edição seria traduzida para o inglês 40 anos mais tarde). Em Barmen, organiza debates sobre as ideias comunistas com Hess e profere os "Discursos de Elberfeld". Em abril, sai de Barmen e encontra Marx em Bruxelas. Juntos, estudam economia e fazem uma breve visita a Manchester (julho e agosto), onde percorrem alguns jornais locais, como o *Manchester Guardian* e o *Volunteer Journal for Lancashire and Cheshire*. É lançada *A situação da classe trabalhadora na Inglaterra*, em Leipzig. Começa sua vida em comum com Mary Burns. | Criada a organização internacionalista Democratas Fraternais, em Londres. Richard M. Hoe registra a patente da primeira prensa rotativa moderna. |
| 1846 | Marx e Engels organizam em Bruxelas o primeiro Comitê de Correspondência da Liga dos Justos, | Seguindo instruções do Comitê de Bruxelas, Engels estabelece estreitos contatos com socialistas e | Os Estados Unidos declaram guerra ao México. Rebelião |

*Cronologia resumida de Marx e Engels*

| | **Karl Marx** | **Friedrich Engels** | **Fatos históricos** |
|---|---|---|---|
| | uma rede de correspondentes comunistas em diversos países, a qual Proudhon se nega a integrar. Em carta a Annenkov, Marx critica o recém-publicado *Sistema das contradições econômicas ou Filosofia da miséria* [*Système des contradictions économiques ou Philosophie de la misère*], de Proudhon. Redige com Engels a *Zirkular gegen Kriege* [Circular contra Kriege], crítica a um alemão emigrado dono de um periódico socialista em Nova York. Por falta de editor, Marx e Engels desistem de publicar *A ideologia alemã* (a obra só seria publicada em 1932, na União Soviética). Em dezembro, nasce Edgar, o terceiro filho de Marx. | comunistas franceses. No outono, ele se desloca para Paris com a incumbência de estabelecer novos comitês de correspondência. Participa de um encontro de trabalhadores alemães em Paris, propagando ideias comunistas e discorrendo sobre a utopia de Proudhon e o socialismo real de Karl Grün. | polonesa em Cracóvia. Crise alimentar na Europa. Abolidas, na Inglaterra, as "leis dos cereais". |
| 1847 | Filia-se à Liga dos Justos, em seguida nomeada Liga dos Comunistas. Realiza-se o primeiro congresso da associação em Londres (junho), ocasião em que se encomenda a Marx e Engels um manifesto dos comunistas. Eles participam do congresso de trabalhadores alemães em Bruxelas e, juntos, fundam a Associação Operária Alemã de Bruxelas. Marx é eleito vice-presidente da Associação Democrática. Conclui e publica a edição francesa de *Miséria da filosofia* [*Misère de la philosophie*] (Bruxelas, julho). | Engels viaja a Londres e participa com Marx do I Congresso da Liga dos Justos. Publica "Princípios do comunismo" [Grundsätze des Kommunismus], uma "versão preliminar" do *Manifesto Comunista* [*Manifest der Kommunistischen Partei*]. Em Bruxelas, com Marx, participa da reunião da Associação Democrática, voltando em seguida a Paris para mais uma série de encontros. Depois de atividades em Londres, volta a Bruxelas e escreve, com Marx, o *Manifesto Comunista*. | A Polônia torna-se província russa. Guerra civil na Suíça. Realiza-se em Londres o II Congresso da Liga dos Comunistas (novembro). |
| 1848 | Marx discursa sobre o livre-cambismo numa das reuniões da Associação Democrática. Com Engels publica, em Londres (fevereiro), o *Manifesto Comunista*. O governo revolucionário francês, por meio de Ferdinand Flocon, convida Marx a morar em Paris após o governo belga expulsá-lo de Bruxelas. Redige com Engels "Reivindicações do Partido Comunista da Alemanha" [Forderungen der Kommunistischen Partei in Deutschland] e organiza o regresso dos membros alemães da Liga dos Comunistas à pátria. Com sua família e com Engels, muda-se em fins de maio para Colônia, onde ambos fundam o jornal *Neue Rheinische Zeitung* [Nova Gazeta Renana], cuja primeira edição é | Expulso da França por suas atividades políticas, chega a Bruxelas no fim de janeiro. Juntamente com Marx, toma parte na insurreição alemã, de cuja derrota falaria quatro anos depois em *Revolução e contrarrevolução na Alemanha* [*Revolution und Konterevolution in Deutschland*]. Engels exerce o cargo de editor do *Neue Rheinische Zeitung*, recém-criado por ele e Marx. Participa, em setembro, do Comitê de Segurança Pública criado para rechaçar a contrarrevolução, durante grande ato popular promovido pelo *Neue Rheinische Zeitung*. O periódico sofre suspensões, mas prossegue ativo. Procurado pela polícia, Engels tenta se exilar na Bélgica, onde é preso e | Definida, na Inglaterra, a jornada de dez horas para menores e mulheres na indústria têxtil. Criada a Associação Operária, em Berlim. Fim da escravidão na Áustria. Abolição da escravidão nas colônias francesas. Barricadas em Paris: eclode a revolução; o rei Luís Filipe abdica e a República é proclamada. A revolução se alastra pela Europa. Em junho, Blanqui lidera novas insurreições |

| Karl Marx | Friedrich Engels | Fatos históricos |
|---|---|---|
| publicada em 1º de junho, com o subtítulo *Organ der Demokratie*. Marx começa a dirigir a Associação Operária de Colônia e acusa a burguesia alemã de traição. Proclama o terrorismo revolucionário como único meio de amenizar "as dores de parto" da nova sociedade. Conclama ao boicote fiscal e à resistência armada. | depois expulso. Muda-se para a Suíça. | operárias em Paris, brutalmente reprimidas pelo general Cavaignac. Decretado estado de sítio em Colônia em reação a protestos populares. O movimento revolucionário reflui. |
| 1849 Marx e Engels são absolvidos em processo por participação nos distúrbios de Colônia (ataques a autoridades publicados no *Neue Rheinische Zeitung*). Ambos defendem a liberdade de imprensa na Alemanha. Marx é convidado a deixar o país, mas ainda publicaria "Trabalho assalariado e capital" [Lohnarbeit und Kapital]. O periódico, em difícil situação, é extinto (maio). Marx, em condição financeira precária (vende os próprios móveis para pagar as dívidas), tenta voltar a Paris, mas, impedido de ficar, é obrigado a deixar a cidade em 24 horas. Graças a uma campanha de arrecadação de fundos promovida por Ferdinand Lassalle na Alemanha, Marx se estabelece com a família em Londres, onde nasce Guido, seu quarto filho (novembro). | Em janeiro, Engels retorna a Colônia. Em maio, toma parte militarmente na resistência à reação. À frente de um batalhão de operários, entra em Elberfeld, motivo pelo qual sofre sanções legais por parte das autoridades prussianas, enquanto Marx é convidado a deixar o país. É publicado o último número do *Neue Rheinische Zeitung*. Marx e Engels vão para o sudoeste da Alemanha, onde Engels se envolve no levante de Baden-Palatinado, antes de seguir para Londres. | Proudhon publica *Les confessions d'un révolutionnaire* [As confissões de um revolucionário]. A Hungria proclama sua independência da Áustria. Após período de refluxo, reorganiza--se no fim do ano, em Londres, o Comitê Central da Liga dos Comunistas, com a participação de Marx e Engels. |
| 1850 Ainda em dificuldades financeiras, organiza a ajuda aos emigrados alemães. A Liga dos Comunistas reorganiza as sessões locais e é fundada a Sociedade Universal dos Comunistas Revolucionários, cuja liderança logo se fraciona. Edita em Londres a *Neue Rheinische Zeitung* [Nova Gazeta Renana], revista de economia política, bem como *Lutas de classe na França* [*Die Klassenkämpfe in Frankreich*]. Morre o filho Guido. | Publica *A guerra dos camponeses na Alemanha* [*Der deutsche Bauernkrieg*]. Em novembro, retorna a Manchester, onde viverá por vinte anos, e às suas atividades na Ermen & Engels; o êxito nos negócios possibilita ajudas financeiras a Marx. | Abolição do sufrágio universal na França. |
| 1851 Continua em dificuldades, mas, graças ao êxito dos negócios de Engels em Manchester, conta com ajuda financeira. Dedica-se intensamente aos estudos de economia na biblioteca do Museu Britânico. Aceita o convite de trabalho do *New York Daily Tribune*, mas é Engels quem envia os primeiros textos, intitulados | Engels, ao lado de Marx, começa a colaborar com o Movimento Cartista [Chartist Movement]. Estuda língua, história e literatura eslava e russa. | Na França, golpe de Estado de Luís Bonaparte. Realização da primeira Exposição Universal, em Londres. |

*Cronologia resumida de Marx e Engels*

| | Karl Marx | Friedrich Engels | Fatos históricos |
|---|---|---|---|
| | "Contrarrevolução na Alemanha", publicados sob a assinatura de Marx. Hermann Becker publica em Colônia o primeiro e único tomo dos *Ensaios escolhidos de Marx*. Nasce Francisca (28 de março), a quinta de seus filhos. | | |
| 1852 | Envia ao periódico *Die Revolution*, de Nova York, uma série de artigos sobre *O 18 de brumário de Luís Bonaparte* [*Der achtzehnte Brumaire des Louis Bonaparte*]. Sua proposta de dissolução da Liga dos Comunistas é acolhida. A difícil situação financeira é amenizada com o trabalho para o *New York Daily Tribune*. Morre a filha Francisca, nascida um ano antes. | Publica *Revolução e contrarrevolução na Alemanha* [*Revolution und Konterevolution in Deutschland*]. Com Marx, elabora o panfleto *O grande homem do exílio* [*Die grossen Männer des Exils*] e uma obra, hoje desaparecida, chamada *Os grandes homens oficiais da Emigração*; nela, atacam os dirigentes burgueses da emigração em Londres e defendem os revolucionários de 1848-1849. Expõem, em cartas e artigos conjuntos, os planos do governo, da polícia e do judiciário prussianos, textos que teriam grande repercussão. | Luís Bonaparte é proclamado imperador da França, com o título de Napoleão Bonaparte III. |
| 1853 | Marx escreve, tanto para o *New York Daily Tribune* quanto para o *People's Paper*, inúmeros artigos sobre temas da época. Sua precária saúde o impede de voltar aos estudos econômicos interrompidos no ano anterior, o que faria somente em 1857. Retoma a correspondência com Lassalle. | Escreve artigos para o *New York Daily Tribune*. Estuda persa e a história dos países orientais. Publica, com Marx, artigos sobre a Guerra da Crimeia. | A Prússia proíbe o trabalho para menores de 12 anos. |
| 1854 | Continua colaborando com o *New York Daily Tribune*, dessa vez com artigos sobre a revolução espanhola. | | |
| 1855 | Começa a escrever para o *Neue Oder Zeitung*, de Breslau, e segue como colaborador do *New York Daily Tribune*. Em 16 de janeiro, nasce Eleanor, sua sexta filha, e em 6 de abril morre Edgar, o terceiro. | Escreve uma série de artigos para o periódico *Putman*. | Morte de Nicolau I, na Rússia, e ascensão do czar Alexandre II. |
| 1856 | Ganha a vida redigindo artigos para jornais. Discursa sobre o progresso técnico e a revolução proletária em uma festa do *People's Paper*. Estuda a história e a civilização dos povos eslavos. A esposa Jenny recebe uma herança da mãe, o que permite que a família se mude para um apartamento mais confortável. | Acompanhado da mulher, Mary Burns, Engels visita a terra natal dela, a Irlanda. | Morrem Max Stirner e Heinrich Heine. Guerra franco-inglesa contra a China. |
| 1857 | Retoma os estudos sobre economia política, por considerar iminente uma nova crise econômica europeia. | Adoece gravemente em maio. Analisa a situação no Oriente Médio, estuda a questão eslava e | O divórcio, sem necessidade de aprovação |

| Karl Marx | Friedrich Engels | Fatos históricos |
|---|---|---|
| Fica no Museu Britânico das nove da manhã às sete da noite e trabalha madrugada adentro. Só descansa quando adoece e aos domingos, nos passeios com a família em Hampstead. O médico o proíbe de trabalhar à noite. Começa a redigir os manuscritos que viriam a ser conhecidos como *Grundrisse der Kritik der Politischen Ökonomie* [Esboços de uma crítica da economia política], e que servirão de base à obra *Para a crítica da economia política* [*Zur Kritik der Politischen Ökonomie*]. Escreve a célebre *Introdução de 1857*. Continua a colaborar no *New York Daily Tribune*. Escreve artigos sobre Jean-Baptiste Bernadotte, Simón Bolívar, Gebhard Blücher e outros na *New American Encyclopaedia* [Nova Enciclopédia Americana]. Atravessa um novo período de dificuldades financeiras e tem um novo filho, natimorto. | aprofunda suas reflexões sobre temas militares. Sua contribuição para a *New American Encyclopaedia* [Nova Enciclopédia Americana], versando sobre as guerras, faz de Engels um continuador de Von Clausewitz e um precursor de Lênin e Mao Tsé-tung. Continua trocando cartas com Marx, discorrendo sobre a crise na Europa e nos Estados Unidos. | parlamentar, torna-se legal na Inglaterra. |
| 1858 | O *New York Daily Tribune* deixa de publicar alguns de seus artigos. Marx dedica-se à leitura de *Ciência da lógica* [*Wissenschaft der Logik*] de Hegel. Agravam-se os problemas de saúde e a penúria. | Engels dedica-se ao estudo das ciências naturais. | Morre Robert Owen. |
| 1859 | Publica em Berlim *Para a crítica da economia política*. A obra só não fora publicada antes porque não havia dinheiro para postar o original. Marx comenta: "Seguramente é a primeira vez que alguém escreve sobre o dinheiro com tanta falta dele". O livro, muito esperado, foi um fracasso. Nem seus companheiros mais entusiastas, como Liebknecht e Lassalle, o compreenderam. Escreve mais artigos no *New York Daily Tribune*. Começa a colaborar com o periódico londrino *Das Volk*, contra o grupo de Edgar Bauer. Marx polemiza com Karl Vogt (a quem acusa de ser subsidiado pelo bonapartismo), Blind e Freiligrath. | Faz uma análise, com Marx, da teoria revolucionária e suas táticas, publicada em coluna do *Das Volk*. Escreve o artigo "Po und Rhein" [Pó e Reno], em que analisa o bonapartismo e as lutas liberais na Alemanha e na Itália. Enquanto isso, estuda gótico e inglês arcaico. Em dezembro, lê o recém--publicado *A origem das espécies* [*The Origin of Species*], de Darwin. | A França declara guerra à Áustria. |
| 1860 | Vogt lança uma série de calúnias contra Marx, e as querelas chegam aos tribunais de Berlim e Londres. Marx escreve "Herr Vogt" [Senhor Vogt]. | Engels vai a Barmen para o sepultamento de seu pai (20 de março). Publica a brochura *Savoia, Nice e o Reno* [*Savoyen, Nizza und der Rhein*], polemizando com | Giuseppe Garibaldi toma Palermo e Nápoles. |

*Cronologia resumida de Marx e Engels*

| Karl Marx | Friedrich Engels | Fatos históricos |
|---|---|---|
| | Lassalle. Continua escrevendo para vários periódicos, entre os quais o *Allgemeine Militar Zeitung*. Contribui com artigos sobre o conflito de secessão nos Estados Unidos no *New York Daily Tribune* e no jornal liberal *Die Presse*. | |
| 1861 Enfermo e depauperado, Marx vai à Holanda, onde o tio Lion Philiph concorda em adiantar-lhe uma quantia, por conta da herança de sua mãe. Volta a Berlim e projeta com Lassalle um novo periódico. Reencontra velhos amigos e visita a mãe em Trier. Não consegue recuperar a nacionalidade prussiana. Regressa a Londres e participa de uma ação em favor da libertação de Blanqui. Retoma seus trabalhos científicos e a colaboração com o *New York Daily Tribune* e o *Die Presse* de Viena. | | Eclosão da Guerra Civil dos Estados Unidos. Abolição da servidão na Rússia. |
| 1862 Trabalha o ano inteiro em sua obra científica e encontra-se várias vezes com Lassalle para discutirem seus projetos. Em suas cartas a Engels, desenvolve uma crítica à teoria ricardiana sobre a renda da terra. O *New York Daily Tribune*, justificando-se com a situação econômica interna norte-americana, dispensa os serviços de Marx, o que reduz ainda mais seus rendimentos. Viaja à Holanda e a Trier, e novas solicitações ao tio e à mãe são negadas. De volta a Londres, tenta um cargo de escrevente da ferrovia, mas é reprovado por causa da caligrafia. | | Nos Estados Unidos, Lincoln decreta a abolição da escravatura. O escritor Victor Hugo publica *Les Misérables* [Os miseráveis]. |
| 1863 Marx continua seus estudos no Museu Britânico e se dedica também à matemática. Começa a redação definitiva de *O capital* [*Das Kapital*] e participa de ações pela independência da Polônia. Morre sua mãe (novembro), deixando-lhe algum dinheiro como herança. | Morre, em Manchester, Mary Burns, companheira de Engels (6 de janeiro). Ele permaneceria morando com a cunhada Lizzie. Esboça, mas não conclui, um texto sobre rebeliões camponesas. | |
| 1864 Malgrado a saúde, continua a trabalhar em sua obra científica. É convidado a substituir Lassalle (morto em duelo) na Associação Geral dos Operários Alemães. O cargo, entretanto, é ocupado por Becker. Apresenta o projeto e o estatuto de uma Associação | Engels participa da fundação da Associação Internacional dos Trabalhadores, depois conhecida como a Primeira Internacional. Torna-se coproprietário da Ermen & Engels. No segundo semestre, contribui, com Marx, para o *Sozial-Demokrat*, periódico da | Dühring traz a público seu *Kapital und Arbeit* [Capital e trabalho]. Fundação, na Inglaterra, da Associação Internacional dos Trabalhadores. |

## Friedrich Engels – Ludwig Feuerbach e o fim da filosofia clássica alemã

| | Karl Marx | Friedrich Engels | Fatos históricos |
|---|---|---|---|
| | Internacional dos Trabalhadores, durante encontro internacional no Saint Martin's Hall de Londres. Marx elabora o "Manifesto de Inauguração da Associação Internacional dos Trabalhadores". | social-democracia alemã que populariza as ideias da Internacional na Alemanha. | É reconhecido o direito a férias na França. Morre Wilhelm Wolff, amigo íntimo de Marx, a quem é dedicado *O capital*. |
| 1865 | Conclui a primeira redação de *O capital* e participa do Conselho Central da Internacional (setembro), em Londres. Marx escreve *Salário, preço e lucro* [*Lohn, Preis und Profit*]. Publica no *Sozial-Demokrat* uma biografia de Proudhon, morto recentemente. Conhece o socialista francês Paul Lafargue, seu futuro genro. | Recebe Marx em Manchester. Ambos rompem com Schweitzer, diretor do *Sozial-Demokrat*, por sua orientação lassalliana. Suas conversas sobre o movimento da classe trabalhadora na Alemanha resultam em um artigo para a imprensa. Engels publica "A questão militar na Prússia e o Partido Operário Alemão" [*Die preussische Militärfrage und die deutsche Arbeiterpartei*]. | Assassinato de Lincoln. Proudhon publica *De la capacité politique des classes ouvrières* [A capacidade política das classes operárias]. Morre Proudhon. |
| 1866 | Apesar dos intermináveis problemas financeiros e de saúde, Marx conclui a redação do Livro I de *O capital*. Prepara a pauta do primeiro Congresso da Internacional e as teses do Conselho Central. Pronuncia discurso sobre a situação na Polônia. | Escreve a Marx sobre os trabalhadores emigrados da Alemanha e pede a intervenção do Conselho Geral da Internacional. | Na Bélgica, são reconhecidos os direitos de associação e a férias. Fome na Rússia. |
| 1867 | O editor Otto Meissner publica, em Hamburgo, o primeiro volume de *O capital*. Os problemas de Marx o impedem de prosseguir no projeto. Redige instruções para Wilhelm Liebknecht, recém-ingressado na Dieta prussiana como representante social-democrata. | Engels estreita relações com os revolucionários alemães, especialmente Liebknecht e Bebel. Envia carta de congratulações a Marx pela publicação do Livro I de *O capital*. Estuda as novas descobertas da química e escreve artigos e matérias sobre *O capital*, com fins de divulgação. | |
| 1868 | Piora o estado de saúde de Marx, e Engels continua ajudando-o financeiramente. Marx elabora estudos sobre as formas primitivas de propriedade comunal, em especial sobre o *mir* russo. Corresponde-se com o russo Danielson e lê Dühring. Bakunin se declara discípulo de Marx e funda a Aliança Internacional da Social--Democracia. Casamento da filha Laura com Lafargue. | Engels elabora uma sinopse do Livro I de *O capital*. | Em Bruxelas, acontece o Congresso da Associação Internacional dos Trabalhadores (setembro). |
| 1869 | Liebknecht e Bebel fundam o Partido Operário Social--Democrata alemão, de linha marxista. Marx, fugindo das polícias da Europa continental, passa a viver em Londres com a família, na mais absoluta miséria. Continua os trabalhos para o segundo livro de *O capital*. | Em Manchester, dissolve a empresa Ermen & Engels, que havia assumido após a morte do pai. Com um soldo anual de 350 libras, auxilia Marx e sua família. Mantém intensa correspondência com Marx. Começa a contribuir com o *Volksstaat*, o órgão de imprensa do | Fundação do Partido Social-Democrata alemão. Congresso da Primeira Internacional na Basileia, Suíça. |

*Cronologia resumida de Marx e Engels*

| | Karl Marx | Friedrich Engels | Fatos históricos |
|---|---|---|---|
| | Vai a Paris sob nome falso, onde permanece algum tempo na casa de Laura e Lafargue. Mais tarde, acompanhado da filha Jenny, visita Kugelmann em Hannover. Estuda russo e a história da Irlanda. Corresponde-se com De Paepe sobre o proudhonismo e concede uma entrevista ao sindicalista Haman sobre a importância da organização dos trabalhadores. | Partido Social-Democrata alemão. Escreve uma pequena biografia de Marx, publicada no *Die Zukunft* (julho). É lançada a primeira edição russa do *Manifesto Comunista*. Em setembro, acompanhado de Lizzie, Marx e Eleanor, visita a Irlanda. | |
| 1870 | Continua interessado na situação russa e em seu movimento revolucionário. Em Genebra, instala-se uma seção russa da Internacional, na qual se acentua a oposição entre Bakunin e Marx, que redige e distribui uma circular confidencial sobre as atividades dos bakunistas e sua aliança. Redige o primeiro comunicado da Internacional sobre a guerra franco-prussiana e exerce, a partir do Conselho Central, uma grande atividade em favor da República francesa. Por meio de Serrailler, envia instruções para os membros da Internacional presos em Paris. A filha Jenny colabora com Marx em artigos para *A Marselhesa* sobre a repressão dos irlandeses por policiais britânicos. | Engels escreve "História da Irlanda" [*Die Geschichte Irlands*]. Começa a colaborar com o periódico inglês *Pall Mall Gazette*, discorrendo sobre a guerra franco-prussiana. Deixa Manchester em setembro, acompanhado de Lizzie, e instala-se em Londres para promover a causa comunista. Lá, continua escrevendo para o *Pall Mall Gazette*, dessa vez sobre o desenvolvimento das oposições. É eleito por unanimidade para o Conselho Geral da Primeira Internacional. O contato com o mundo do trabalho permitiu a Engels analisar, em profundidade, as formas de desenvolvimento do modo de produção capitalista. Suas conclusões seriam utilizadas por Marx em *O capital*. | Na França, são presos membros da Internacional Comunista. Em 22 de abril, nasce Vladímir Lênin. |
| 1871 | Atua na Internacional em prol da Comuna de Paris. Instrui Frankel e Varlin e redige o folheto *Der Bürgerkrieg in Frankreich* [*A guerra civil na França*]. É violentamente atacado pela imprensa conservadora. Em setembro, durante a Internacional em Londres, é reeleito secretário da seção russa. Revisa o Livro I de *O capital* para a segunda edição alemã. | Prossegue suas atividades no Conselho Geral e atua junto à Comuna de Paris, que instaura um governo operário na capital francesa entre 26 de março e 28 de maio. Participa com Marx da Conferência de Londres da Internacional. | A Comuna de Paris, instaurada após a revolução vitoriosa do proletariado, é brutalmente reprimida pelo governo francês. Legalização das *trade unions* na Inglaterra. |
| 1872 | Acerta a primeira edição francesa de *O capital* e recebe exemplares da primeira edição russa, lançada em 27 de março. Participa dos preparativos do V Congresso da Internacional em Haia, quando se decide a transferência do Conselho Geral da organização para Nova York. Jenny, a filha mais velha, casa-se com o socialista Charles Longuet. | Redige com Marx uma circular confidencial sobre supostos conflitos internos da Internacional, envolvendo bakunistas na Suíça, intitulado *As pretensas cisões na Internacional* [*Die angeblichen Spaltungen in der Internationale*]. Ambos intervêm contra o lassalianismo na social-democracia alemã e escrevem um prefácio para a nova edição alemã do *Manifesto Comunista*. Engels participa do Congresso da Associação Internacional dos Trabalhadores. | Morrem Ludwig Feuerbach e Bruno Bauer. Bakunin é expulso da Internacional no Congresso de Haia. |

## Friedrich Engels – Ludwig Feuerbach e o fim da filosofia clássica alemã

| | Karl Marx | Friedrich Engels | Fatos históricos |
|---|---|---|---|
| 1873 | Impressa a segunda edição de *O capital* em Hamburgo. Marx envia exemplares a Darwin e a Spencer. Por ordens de seu médico, é proibido de realizar qualquer tipo de trabalho. | Com Marx, escreve para periódicos italianos uma série de artigos sobre as teorias anarquistas e o movimento das classes trabalhadoras. | Morre Napoleão III. As tropas alemãs se retiram da França. |
| 1874 | É negada a Marx a cidadania inglesa, "por não ter sido fiel ao rei". Com a filha Eleanor, viaja a Karlsbad para tratar da saúde numa estação de águas. | Prepara a terceira edição de *A guerra dos camponeses alemães*. | Na França, são nomeados inspetores de fábricas e é proibido o trabalho em minas para mulheres e menores. |
| 1875 | Continua seus estudos sobre a Rússia. Redige observações ao Programa de Gotha, da social-democracia alemã. | Por iniciativa de Engels, é publicada *Crítica do Programa de Gotha* [*Kritik des Gothaer Programms*], de Marx. | Morre Moses Hess. |
| 1876 | Continua o estudo sobre as formas primitivas de propriedade na Rússia. Volta com Eleanor a Karlsbad para tratamento. | Elabora escritos contra Dühring, discorrendo sobre a teoria marxista, publicados inicialmente no *Vorwärts!* e transformados em livro posteriormente. | É fundado o Partido Socialista do Povo na Rússia. Crise na Primeira Internacional. Morre Bakunin. |
| 1877 | Marx participa de campanha na imprensa contra a política de Gladstone em relação à Rússia e trabalha no Livro II de *O capital*. Acometido novamente de insônias e transtornos nervosos, viaja com a esposa e a filha Eleanor para descansar em Neuenahr e na Floresta Negra. | Conta com a colaboração de Marx na redação final do *Anti-Dühring* [*Herrn Eugen Dühring's Umwälzung der Wissenschaft*]. O amigo colabora com o capítulo 10 da parte 2 ("Da história crítica"), discorrendo sobre a economia política. | A Rússia declara guerra à Turquia. |
| 1878 | Paralelamente ao Livro II de *O capital*, Marx trabalha na investigação sobre a comuna rural russa, complementada com estudos de geologia. Dedica-se também à *Questão do Oriente* e participa de campanha contra Bismarck e Lothar Bücher. | Publica o *Anti-Dühring* e, atendendo ao pedido de Wolhelm Bracke feito um ano antes, publica pequena biografia de Marx, intitulada *Karl Marx*. Morre Lizzie. | Otto von Bismarck proíbe o funcionamento do Partido Socialista na Prússia. Primeira grande onda de greves operárias na Rússia. |
| 1879 | Marx trabalha nos Livros II e III de *O capital*. | | |
| 1880 | Elabora um projeto de pesquisa a ser executado pelo Partido Operário francês. Torna-se amigo de Hyndman. Ataca o oportunismo do periódico *Sozial-Demokrat* alemão, dirigido por Liebknecht. Escreve as "Randglossen zu Adolph Wagners Lehrbuch der politischen Ökonomie" [Glosas marginais ao tratado de economia política de Adolph Wagner]. Bebel, Bernstein e Singer visitam Marx em Londres. | Engels lança uma edição especial de três capítulos do *Anti-Dühring*, sob o título *Socialismo utópico e científico* [*Die Entwicklung des Socialismus Von der Utopie zur Wissenschaft*]. Marx escreve o prefácio do livro. Engels estabelece relações com Kautsky e conhece Bernstein. | Morre Arnold Ruge. |

## Cronologia resumida de Marx e Engels

| | Karl Marx | Friedrich Engels | Fatos históricos |
|---|---|---|---|
| 1881 | Prossegue os contatos com os grupos revolucionários russos e mantém correspondência com Zasulitch, Danielson e Nieuwenhuis. Recebe a visita de Kautsky. Jenny, sua esposa, adoece. O casal vai a Argenteuil visitar a filha Jenny e Longuet. Morre Jenny Marx. | Enquanto prossegue em suas atividades políticas, estuda a história da Alemanha e prepara *Labor Standard*, um diário dos sindicatos ingleses. Escreve um obituário pela morte de Jenny Marx (8 de dezembro). | Fundação da Federation of Labor Unions nos Estados Unidos. Assassinato do czar Alexandre II. |
| 1882 | Continua as leituras sobre os problemas agrários da Rússia. Acometido de pleurisia, visita a filha Jenny em Argenteuil. Por prescrição médica, viaja pelo Mediterrâneo e pela Suíça. Lê sobre física e matemática. | Redige com Marx um novo prefácio para a edição russa do *Manifesto Comunista*. | Os ingleses bombardeiam Alexandria e ocupam o Egito e o Sudão. |
| 1883 | A filha Jenny morre em Paris (janeiro). Deprimido e muito enfermo, com problemas respiratórios, Marx morre em Londres, em 14 de março. É sepultado no Cemitério de Highgate. | Começa a esboçar *A dialética da natureza* [*Dialektik der Natur*], publicada postumamente em 1927. Escreve outro obituário, dessa vez para a filha de Marx, Jenny. No sepultamento de Marx, profere o que ficaria conhecido como *Discurso diante da sepultura de Marx* [*Das Begräbnis von Karl Marx*]. Após a morte do amigo, publica uma edição inglesa do Livro I de *O capital*; imediatamente depois, prefacia a terceira edição alemã da obra e já começa a preparar o Livro II. | Implantação dos seguros sociais na Alemanha. Fundação de um partido marxista na Rússia e da Sociedade Fabiana, que mais tarde daria origem ao Partido Trabalhista na Inglaterra. Crise econômica na França; forte queda na Bolsa. |
| 1884 | | Publica *A origem da família, da propriedade privada e do Estado* [*Der Ursprung der Familie, des Privateigentum und des Staates*]. | Fundação da Sociedade Fabiana de Londres. |
| 1885 | | Editado por Engels, é publicado o Livro II de *O capital*. | |
| 1887 | | Karl Kautsky conclui o artigo "O socialismo jurídico", resposta de Engels a um livro do jurista Anton Menger, e o publica sem assinatura na *Neue Zeit*. | |
| 1889 | | | Funda-se em Paris a II Internacional. |
| 1894 | | Também editado por Engels, é publicado o Livro III de *O capital*. O mundo acadêmico ignorou a obra por muito tempo, embora os principais grupos políticos logo tenham começado a estudá-la. Engels publica os textos | O oficial francês de origem judaica Alfred Dreyfus, acusado de traição, é preso. Protestos antissemitas multiplicam-se nas principais cidades francesas. |

| Karl Marx | Friedrich Engels | Fatos históricos |
|---|---|---|
| | "Contribuição à história do cristianismo primitivo" [Zur Geschischte des Urchristentums] e "A questão camponesa na França e na Alemanha" [Die Bauernfrage in Frankreich und Deutschland]. | |
| 1895 | Redige uma nova introdução para *As lutas de classes na França*. Após longo tratamento médico, Engels morre em Londres (5 de agosto). Suas cinzas são lançadas ao mar em Eastbourne. Dedicou-se até o fim da vida a completar e traduzir a obra de Marx, ofuscando a si próprio e a sua obra em favor do que ele considerava a causa mais importante. | Os sindicatos franceses fundam a Confederação Geral do Trabalho. Os irmãos Lumière fazem a primeira projeção pública do cinematógrafo. |

# COLEÇÃO MARX-ENGELS

*O 18 de brumário de Luís Bonaparte*
Karl Marx

*Anti-Dühring: a revolução da ciência segundo o senhor Eugen Dühring*
Friedrich Engels

*O capital: crítica da economia política* Livro I: *O processo de produção do capital*
Karl Marx

*O capital: crítica da economia política* Livro II: *O processo de circulação do capital*
Karl Marx

*O capital: crítica da economia política* Livro III: *O processo global da produção capitalista*
Karl Marx

*Capítulo VI (inédito)*
Karl Marx

*Crítica da filosofia do direito de Hegel*
Karl Marx

*Crítica do Programa de Gotha*
Karl Marx

*Os despossuídos: debates sobre a lei referente ao furto de madeira*
Karl Marx

*Dialética da natureza*
Friedrich Engels

*Diferença entre a filosofia da natureza de Demócrito e a de Epicuro*
Karl Marx

*Esboço para uma crítica da economia política*
Friedrich Engels

*Escritos ficcionais*
Karl Marx

*Grundrisse: manuscritos econômicos de 1857-1858 – Esboços da crítica da economia política*
Karl Marx

*A guerra civil dos Estados Unidos*
Karl Marx e Friedrich Engels

*A guerra civil na França*
Karl Marx

*A ideologia alemã*
**Karl Marx e Friedrich Engels**

*Lutas de classes na Alemanha*
**Karl Marx e Friedrich Engels**

*As lutas de classes na França de 1848 a 1850*
**Karl Marx**

*Lutas de classes na Rússia*
**Karl Marx e Friedrich Engels**

*Manifesto Comunista*
**Karl Marx e Friedrich Engels**

*Manuscritos econômico-filosóficos*
**Karl Marx**

*Miséria da filosofia: resposta à Filosofia da Miséria, do sr. Proudhon*
**Karl Marx**

*A origem da família, da propriedade privada e do Estado*
**Friedrich Engels**

*A sagrada família : ou A crítica da Crítica crítica contra Bruno Bauer e consortes*
**Karl Marx e Friedrich Engels**

*A situação da classe trabalhadora na Inglaterra*
**Friedrich Engels**

*Sobre a questão da moradia*
**Friedrich Engels**

*Sobre a questão judaica*
**Karl Marx**

*Sobre o suicídio*
**Karl Marx**

*O socialismo jurídico*
**Friedrich Engels**

*Últimos escritos econômicos: anotações de 1879-1882*
**Karl Marx**

*Resumo de O capital*
**Friedrich Engels**

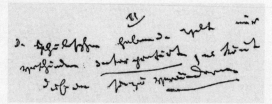

Manuscrito da Tese 11.

Finalizado em 2023, 135 anos após a primeira publicação das chamadas "Teses sobre Feuerbach", este livro foi composto em Palatino Linotype, corpo 11/15,4, e impresso em papel Pólen Natural 80 g/m² pela gráfica Lis, para a Boitempo, com tiragem de 4 mil exemplares.